# 一窗暖阳

胡玲玲◎著

一个人对生命持一种既敬畏、坚持又淡然，舒展的态度，就会很从容地看待过往的一切，每天都能感受到岁月静好的恬适。

中国国际广播出版社

## 图书在版编目（CIP）数据

一窗暖阳 / 胡玲玲著 . -- 北京 : 中国国际广播出版社 , 2018.6
ISBN 978-7-5078-4326-2

Ⅰ . ①一… Ⅱ . ①胡… Ⅲ . ①散文集—中国—当代
Ⅳ . ① I267

中国版本图书馆 CIP 数据核字 (2018) 第 143398 号

## 一窗暖阳

| | |
|---|---|
| 著　　者 | 胡玲玲 |
| 责任编辑 | 杜春梅 |
| 装帧设计 | 有　森 |
| 责任校对 | 有　森 |

| | |
|---|---|
| 出版发行 | 中国国际广播出版社 [ 010-83139469　010-83139489（传真）] |
| 社　　址 | 北京市西城区天宁寺前街 2 号北院 A 座一层<br>邮编：100055 |
| 网　　址 | www.chirp.com.cn |
| 经　　销 | 新华书店 |
| 印　　刷 | 北京市金星印务有限公司 |

| | |
|---|---|
| 开　　本 | 880 × 1230　1/32 |
| 字　　数 | 195 千字 |
| 印　　张 | 7.25 |
| 版　　次 | 2018 年 6 月　北京第一版 |
| 印　　次 | 2018 年 6 月　第一次印刷 |
| 定　　价 | 32.00 元 |

CRI 中国国际广播出版社　欢迎关注本社新浪官方微博　官方网站 www.chirp.cn

# 她在金色的阳光下起舞
## ——胡玲玲散文集《一窗暖阳》序

花木之乡、虞姬河畔的胡玲玲，是我们金融作协的后起之秀。通过了解才知道，当初单位也是把她当作“特殊人才”引进来的。所以，我知道胡玲玲对文字有一种固执的痴迷。十年前她还在医院上班的时候，就出过一本散文集，经过十年的沉淀，她的又一本散文集《一窗暖阳》即将付梓，实在可喜可贺。

胡玲玲是善于观察生活的人，她的散文总是充满暖意和温馨。文学本就是生命的冲动与慰藉，文学的美也与生命的瑰丽相关。据说医学与文学有一种很神秘的联系，也许都是以人为研究和探讨对象的缘故吧，比如鲁迅先生。胡玲玲以前也是从事医务工作的，所以她从事文学创作有一种先天的优势。生命意识是精神世界的核心与基质，是生活的体验之来源，倘若文学不能展现人生的张力，带给人们希冀和向往，显然会失去创作的一种终极价值。也许正是基于这样的原因，胡玲玲总能善于发现生活中的美。爱、善良、阳光，这也是胡玲玲创作这本散文集的主旨。

喜欢乡村的人不少，尤其在当下。在文艺作品里，乡间常常是炊烟袅袅，温情扑面。陶渊明的诗，描述的是“榆柳荫后檐，桃李罗堂前”“狗吠深巷中，鸡鸣桑树颠”。三毛千里跋涉，只为了梦中的橄榄树。城里人享受了高楼大厦，煤气水电的方便，无奈又被堵车、雾霾折磨。尤其这几年，北京的雾霾很严重，空气质量差，很多人都想念农村，向往田园生活。就像胡玲玲的散文《故乡的炊烟》里描述的那样，“有炊烟的地方就有家，炊烟是故乡的一道风景，炊烟是故乡的灵魂，是母亲和故乡的象征。炊烟，永远是游子们魂牵梦萦的牵挂。炊烟是属于乡村的，炊烟下站立的是祖母，是外婆，是母亲。炊烟是有味道的，炊烟的味道就是家的味道。”

乡村的阳光是灿烂的，有灿烂的阳光就有灿烂的生命。即使是一粒沙子也能折射太阳的光辉，有了连天穷碧的小草，就有顽强的生命，即使是一片草叶，也能为世界添绿。

胡玲玲的《草色乡村》写了小草是卑微的，又是伟大的。这个看起来不起眼的生命，却蕴含着强大的力量，“野火烧不尽，春风吹又生”。“乡村是离不开草地的，草地也离不开乡村。夏天的乡村是最美丽的，太阳照透了大地上万千生灵，春风吹绿了田野上的一切植物。草，成为乡村的主色调。屋檐下，小河边，池塘边，沟渠上，田间地头，处处生长着绿茵茵的草。这些细长、碧绿、洁净的草儿，散发着透明的绿色光晕。”

尽管在城里生活，多年来我和乡下一直没有中断联系。相反，近几年来，我对故乡愈来愈迷恋。每到节假日，我都要回故乡看看，看看我的那些父老乡亲，看看我自己种的地。我亲近土地，对土地有一种天生的敬畏。也许是曾经长时间在农村劳作的缘故，我对土地有一种与生俱来的亲切感。家乡父老，在这片富庶的黄土地上，所有付出的劳动，挥洒所有的汗水，所有耕作中的辛苦和期待，都会在十月，收获着丰收的喜悦。那被风吹日晒饱经风霜的乡亲们的脸上，笑容肆意绽放。十月的乡村是一幅美丽的图画，勤劳朴实的乡亲都会在这个美丽的秋天收获属于自己的果实。

《一窗暖阳》记录的是生活琐事、情感历程，作者撷取了生活中的一朵朵浪花，将它记录成为优美的文字，奉献给了读者。《玫瑰花粥》《母亲的饺子》写的是亲情、友情的温暖。爱情是个永恒的主题，《亲爱的，下雪了》《结爱》《一只狐的爱情》写的是爱情的美好与伤痛，“我躲开无数个猎人的枪，赶走坟墓爬出的忧伤，为了你，我变成狼人模样，为了你，染上了疯狂，为了你，穿上厚厚的伪装，为了你，换了心肠……”直听得泪流满面，泪湿衣襟。原来一只狐的爱情，也可以这样美好。听着听着，突然我的内心充满了渴望。渴望一次奔跑，一场尽情的舞蹈。或者，一次热烈的拥抱。最渴望的，就是来一场轰轰烈烈的恋爱。就像这只狐一样，为了思念心爱的人，在夜色中弹琴，在月光下舞蹈。或许，我们的爱情，是不为世俗所接受的。那又怎样，那我们就私奔。私奔，这是多么可爱的一种逃离。一只狐，一旦爱上了，就再难放下。前世今生，追着随着，从没停止过。为了爱，一路披荆斩棘，不管不顾地丢了千年道行，只为了和所爱的人相守一生。

《我是你的灰太狼》《老公的价值》则是对家庭生活的幸福描述，看后让人会心一笑。当然，《一窗暖阳》更多的文字是有关情感方面的。从亲情、友情再到爱情，胡玲玲以一个女子的眼光，透视着这个世界。她的情感是丰富的，内心是细腻的，思想是独特的，笔触所到之处，到处都流淌着文字的美。阅读她的文字，带给人的是阅读的享受，还有生活的诗意和斑斓。我以我手写我心，胡玲玲作为一个年轻的现代女性，几乎所有文章都充满了一种感情，那就是作者对情感生活的真实流露，对幸福生活的执著追求，当然，更可以把它看作我们的精神食粮，让我们在阅读优美的文字的同时，也感受着生活的丰富多彩。

阅读《一窗暖阳》，给人留下的是无限的阅读和想象空间。在冬天的夜晚，我们在桔黄色的灯光下，打开《一窗暖阳》，我们就会感觉一股春风扑面而来。《一窗暖阳》的文字是美丽的，它蕴含着人生的哲学和哲理，也包含着人间的亲情、友情和爱情；《一窗暖阳》的心情是曼妙的，等待是一种漫长的过程，焦急中透露着对生活、对幸福的渴望；《一窗暖阳》的意境是深远的，我们从这些作品中，既能体会到作者童年生活的美好，也能感受到乡村田园生活的快乐。凭着女性的细腻和敏感，胡玲玲向读者展现出了一幅乡村的诗情画意。

作为单位的一名办公室工作人员，作为家庭的一名主妇，在工作繁忙之余，胡玲玲的毅力能如此坚强，在生活的缝隙中，耕耘着一块属于自己的心灵园地。银行工作本身就很忙，胡玲玲却能忙而不乱，处变不惊，工作之余，构思酝酿属于自己的故事。下班后，当别人沉醉于灯红酒绿的时候，胡玲玲却孤寂地坐在电脑前，敲打着属于自己的文字，但我知道，她并不孤独。电脑和文字就是她最忠实的朋友。目前，胡玲玲通过自己的不懈努力，已经成长为一位颇具实力的优秀金融作家，在全国金融业内外都具有较高的知名度，硕果累累。

当这本文字优美、装帧精致的《一窗暖阳》出现在读者面前的时候，我相信，胡玲玲的所有劳累和烦恼，都会烟消云散。作为她的文友，我衷心地祝愿她今后能写出更多的优秀作品，为读者奉献更多的精神食粮。

我也借此机会，感谢每一位为中国金融文学事业无私奉献的作家。正因为有了他们，中国金融文学的天空才会如此美丽，文学创作的土壤才会如此肥沃，文以载道的理念才会得以进一步传承。正如我经常所说的："壮丽的中国金融伟业需要记载和讴歌"！

中国金融作协主席
中国金融文联副主席　阎雪君
中国作协全委会委员
2017 年 9 月 9 日于北京金融街

# 有情致地书写人间烟火

## ——胡玲玲散文集《一窗暖阳》序

陈法玉

时下的散文创作流派纷呈，所谓的大散文、文化散文、历史散文、哲学散文、先锋散文等应运而出，势头正劲，散文写作进入多样化叙事的新格局。在这种格局中审视胡玲玲的散文创作，不难发现胡玲玲的写作是安静的、闲适的、从容的，她不追求内容上的宏大、厚重，也不在意文体上标新、突破，而是顺从自己的内心，总是在不张不扬、不愠不火、不急不缓中有情致地书写着市井生活、人间烟火，让那些对自然、对岁月、对亲情、对爱情、对友情记录和体验的文字，从心灵深处汩汩地流淌出来。

也许是出身农村的缘故，胡玲玲对大自然的热爱几乎到了无以复加的程度，她尽情地表现自己对大自然的这种痴迷和爱恋。《草色乡村》是一篇描写家乡景致的散文。文章不长，但读起来却让人意趣盎然。古往今来写小草的诗文不计其数，这类诗文大多是赞美小草的坚韧顽强，著名的如白居易的"野火烧不尽、春风吹又生"等。胡玲玲在同样歌颂小草坚毅倔强性格的同时，更多的是展现小草的那种美，那种因为绿而产生的神奇的美。几场春雨过后，小草"用尽全身的力气，绿得惊心动魄，绿得绚丽多彩，绿得恣情率性，绿得淋漓酣畅。乡村的春天和夏天，都是满满当当的绿。绿，成为春夏最璀璨、最明艳动人的色彩。那是一种有灵性的绿，一种每个毛孔都会出油的绿，一种率真纯净、肆无忌惮的绿，一种看一眼就会让人心旌摇荡的绿，一种整个生命都跃跃欲试地要从绿色中挣脱出来的绿”。胡玲玲诸如此类的《春天的声音》《春在枝头已十分》等，也与《草色乡村》有异曲同工之妙。“春天的手掌带着体温，抚到哪里哪里就绿了”；“一些植物的相遇，有着久别重逢的感觉”；“春天的声音始自惊蛰后第一只咬破洞穴、爬出地面的蚂蚁”；“春天的味道是花的味道、草的味道、一杯明前茶的味道”；“乡下的春风就像抖开了一瓶燃料，从天而降，哗啦啦地倾倒下来，都是满眼的绿……”胡玲玲通过这些优美、生动而又非常新鲜的文字，把自己对自然、对家乡的热爱之情书写得令人怦然心动，回味无穷。

一个人对生命持一种既敬畏、坚持又淡然、舒展的态度，就会很从容地看待过往的一切，每天都能感受到“岁月静好”的恬适。胡玲玲那些关于生命、关于岁月的文章，看起来是云淡风轻，洒脱超然，很少有满目疮痍的悲凉与沉重。《岁月静好》这篇文章从冬日暖阳写开去，让读者愉悦地跟随作者去感受“岁月静好”的体验：冬天的银杏就像童话里的金树，阳台上的那盆茶花开得正好。而更好的是在冬天有阳光照着，花是幸福的；有花开着，人是幸福的。作者由此进一步写出了自己的所见、所思，写当年乡下人聚在一起晒太阳的快乐，写眼前楼下修鞋人晒太阳的舒然，写自己想到此、看到此的心境，那就是“或许生活中，我们每个人生活都会有困苦，阴霾，但生活需要阳光，我们在明媚的阳光下，再寒冷的心，都会温暖起来”。即使像《岁月的刀》这样完全是写自己慢慢老去的文字，胡玲玲也能用戏虐、诙谐的笔调，展示出洗尽铅华的坦然与从容。

亲情在胡玲玲的笔下，是那么的温暖，那么的美好，那么的感人。作者忘不了母亲煮的腊八粥，那是“黏糊糊、甜丝丝，吃到嘴里香喷喷、喝起来全身暖洋洋的。只要一家人平平安安地在一起，再苦再难的日子也能品出幸福来。喝着粥，就是品味着生活的甜美，亲情的甜蜜。”作者忘不了父亲节父亲的礼物，父亲要送的那床凉被虽然让女儿有些愧疚，但由此勾起对父爱的怀想却是那样的让人为之动容。作者有一段写自己慢慢长大和父亲之间那种微妙变化的文字，真实生动而又有股淡淡的哀伤：“直到有一天我不再穿着小裤衩在他面前晃荡，直到有一天我会躲着他换衣，直到有一天他会轻轻敲我的房门而不敢擅自入内。从此以后，女儿和父亲之间，隔着墙壁，隔开了我们之间的距离。话越来越少，直到相对无言。”即便如此，父女之间的那种心心相印又何曾有过半点的改变？在胡玲玲的散文里，母亲包的饺子，母亲做的米饭，父亲爱喝的白酒，父亲爱讲的故事，永远是子女记忆深处的温暖，永远是父母绵绵不绝的爱意。亲情是互动的，是传递的。子女感恩父母的爱，也会回馈父母的爱。在《陪伴》里，我们看到女儿带父母出去旅游的情景，看到父母此行的开心和快乐。在《岁月的刀》里，我们看到作者当年为一双红皮鞋梦寐以求，若干年后终于利用到上海出差的机会买到了。不过，这双红皮鞋不是给自己，而是给女儿的。

爱情是文学创作的一个永恒主题。在胡玲玲的这部散文集里，有关爱情的篇章亦占有较重的比例，如《爱情的味道》《爱情的凉》《爱你，就是愿意陪着你》等等。胡玲玲既写自己对爱情的认知，认为“爱情的最高形式就是归隐江湖，找一个人慢慢变老，生老病死牵着手，不离不弃，生死相依”，也写自己对爱情的虚妄和臆想，甚至把自己假想在某个爱情的过程中。胡玲玲最让人过目难忘的爱情篇章，还是那些有关普通人的爱情故事。《相濡以沫》对父母的爱情娓娓道来，见证着他们之间五十多年的“执子之手、与子偕老”的历程。

人是有社会性的，难免要与周围形形色色的人发生各种各样的联系或者关系。在与其他人发生联系的过程中，有的成为朋友，有的依然是路人。成为朋友的，进而就有了友情。《话费》写了日常最多见的那种友情，有事互相帮衬一下，也是一种朴实自然的人际关系；《曾经遇见一些美好》把玩着新时代通讯工具给人带来的交友媒介，道出了“人生是一个边走边遗忘的过程，只有时时地往回看看，才能知道我们曾经遇到过怎样的美好和温暖”。而《一米之外》告诉我们的，既不是夫妻之间的那种爱情和婚姻的情感，也不是一般朋友之间的那种哥们儿义气，它是介于两者之间的第三种情感。一对男女相处二十多年，彼此无法抛弃，但又从来不用对方的身体取暖，总是这样维持着一米的距离，“一米的距离，恰到好处。近了，关系就变质了，远了，就疏离了”。这种一路相伴、互相依靠，不因时光久了而褪色的情感，确实也是人生中的一种美好。

胡玲玲《一窗暖阳》这部散文集中所涉及的内容，远不止我所说的这些。除此之外，文集中还有大量书写市井生活的内容，书写读书写作的内容等。我们通过阅读胡玲玲这些短小精悍的篇什，可以感受她的认知、她的体验、她的情感，同时也可获得文学审美的愉悦。胡玲玲近几年创作势头很好，进步发展很快，先后加入了江苏省作家协会、中国金融作家协会，成为江苏省金融作家理事、沭阳县文学研究会副会长，还多次参加全省、全国性的文学笔会和有关学习培训活动。我们希望胡玲玲在今后的创作中越走越好、越走越远，不断给读者捧出更多的精品力作。

（作者系国家二级作家，为中国文艺评论家协会会员、江苏省文艺评论家协会常务理事、江苏省作家协会理事，宿迁学院客座教授。）

# 目　录

## 第一辑　母爱如棉



## 第二辑　爱在红尘

## 第三辑　烟火生活

## 第四辑　故乡情愫



## 第五辑　诗意人生

## 第六辑　遇见美好

# 第一辑　母爱如棉

# 母亲的菜园

初夏时节，母亲的菜园里已经是生机盎然了。

走近园子，里面红是红，绿是绿，黄是黄，紫是紫，满满当当的，一点闲空都没有。母亲就好比一个能工巧匠，总能把菜地的边边角角利用起来，种一些诸如韭菜、莴苣、南瓜之类的蔬菜，里面花红柳绿缠绵成一片，生机勃勃，吸纳着阳光雨露，煞是好看。

老家老宅子的门前，有一块空地，那就是母亲的菜园。“谷雨前后，种瓜点豆”，墙边的小草泛绿的时候，母亲便在她的菜园里忙碌起来，母亲用铁锹一锨锨把土翻松，又将大块的土疙瘩捣碎，整出一块块的菜畦，很整齐的样子。母亲就在园子里拢边，掏窝，施肥，播种，掩土。母亲在菜园忙碌的时候，心里是欢喜的。

她在畦里种上黄瓜、豆荚、丝瓜等家常菜，我最喜欢的是黄瓜。童年的乡下，没有什么名贵的水果，在我们眼里，黄瓜就是水果。自家地里种出的黄瓜，脆生生的，甜丝丝的，咬上一口，清脆爽口，清香扑鼻。母亲总是在春天来的时候，设法在菜园地里多种些黄瓜。

饮无数春雨晨露，黄瓜架上，开着一朵一朵的小黄花，瓜藤上结满了许多小花和瓜蕾，或翠绿细长或粗壮脆嫩，顶花带刺，鲜亮得让人垂涎欲滴。黄瓜刚刚长出来的时候，我就开始往黄瓜地里跑。看到稍大一点的黄瓜，就伸手去摘。那上面有细嫩的刺，初摸有点扎手，顾不得那么多，迅速地把它摘了下来，在手上蹭几下，甚至不用水清洗一下，就大口大口地吃了起来。

这时候，菜园里是很热闹的。有蜻蜓，有蝴蝶，还有蜜蜂，它们像约好似的飞来飞去。有时停留在花朵上，有时钻到花朵的里面。母亲在菜畦上锄草浇水，我就在菜畦中捕蝴蝶。蝴蝶一定是把这里当作它们的乐园了，上下蹁跹，恋恋不舍。空气中弥漫着淡淡的花香，散发着醉人的馨甜。

滋润了几场春雨，一嘟噜一嘟噜的豆角从叶片的缝隙间垂挂下来，白里带紫的豆角花默默地绽放。一地的豆苗像云彩似的，千帆过尽，绿意渐浓。不知什么时候，豆棵上结满了青青的豆荚。豆荚是多胞胎植物，太阳把豆荚晒得暖洋洋的，雨儿把豆荚淋得滋润润的。豆荚熟了，母亲会把豆荚放在米饭里蒸，清香会浸到每粒大米的骨头里，吃起来清香可口。有时母亲会把豆荚放在水里煮熟，用大碗装上，放点盐，再拌点蒜泥，滴两滴香油，那味道，只一个字，香。

夏天到了，母亲的菜园越发地热闹，那些白菜、菠菜、蒜苗、莴笋、大葱和土豆，挨挨挤挤，丰乳肥臀。它们硬是将自己长成了一朵花，一颗树的模样。仿佛地底下有取之不尽的乳汁，倾心哺育它们短暂而又丰美的生命。母亲用菜园的青菜，喂养了我，哺育了我的童年。

如今结婚生子，在城里过着自己的小日子，母亲的菜园子我已经很少光顾了。只是在电话里，母亲给我描绘她的菜园子，韭菜、大蒜、青菜、蚕豆、芫荽、莴苣，还有甜瓜，母亲说甜瓜也熟了，你爱吃的瓜果蔬菜都有。于是，我家的餐桌上，便常常新鲜蔬菜不断，都是纯天然无公害的，有的是母亲亲自送来的，有的是托人带来的。母亲说，市场上的蔬菜农药太多，还是吃家里带来的好。

偶尔回一趟家，第一件事情，就是直奔母亲的菜园子。母亲就会献宝一样，把一样样的蔬菜指给我看，青椒多得吃不完了，茄子结得到处都是，豆荚挨挨挤挤，黄瓜碧绿青翠，蚕豆肥美鲜嫩……母亲的菜园里，花红柳绿，活色生香。

如今七十八岁的母亲身体还很硬朗，每天最快乐的事情，就是侍弄菜园，这个菜园也是母亲的精神家园。母亲种植蔬菜，也是在守望亲情，守住一片净土。让我们奔波在外的儿女，早已疲惫的心，在亲情的守望下回归家园，拥抱自然，在爱的阳光下，独守一份澄明的心境，坚守一朵如花的心灵。母亲，这些年来，我们的心因你的呵护而美丽如花。

# 父亲节的礼物

父亲节那天是周末。其实这样的日子，作为女儿，我应当回家看望一下父亲，父亲离我住的小城不远，坐车也就五十分钟就到家了。可是这样热的天，出门就汗流浃背，望着外面明晃晃的太阳，我又回到了空调房间，在键盘上敲打我心爱的文字。

一个上午的时间就这样悄悄地溜走了，习惯了午睡，睡得正香，被一个电话吵醒了，是父亲打来的。闲话了家常，最后，他说，今天父亲节，家乡流行父亲给孩子送棉被，我晓得你家里的棉被很多，要不我给你们买床夏凉被吧，这个季节，正好适用。父亲的话让我惭愧，这样的节日，应当是女儿孝敬父母才对，怎能让他老人家为我买被子呢。父亲在电话里絮絮叨叨地说了很多，自从母亲去年生病，父亲一下子像换了个人似的，以前那个沉闷严肃不苟言笑的父亲，一下子变得像个孩子，话也多了起来。对母亲，更是照顾有加。因我们工作忙，母亲患病那阵子，都是他老人家照顾的。这个夏日的午后，这个当年像山一样伟岸的男子，如今却会在思念溢满的黄昏里打一个温情的电话。这可是我始料未及的，退休前，他一直是一所中学的校长，平常给人的印象就是严肃严谨，不仅是学校里的学生怕他，老师怕他，就是我们姊妹几个，都怕他呢。平常看见他都远远地躲着他，这么多年，直到我结婚成家，有了自己的孩子，才理解父亲，才对父亲怀着一种深深的敬爱。父爱是深沉的，他的胸怀宽广博大，他的爱更像是一座山，不像母爱，小桥流水那样涓涓流淌。

父亲今年已经七十四岁了，记忆中父亲性格内敛深沉，不善言辞。大概我七八岁的时候，他宠着我这个最小的女儿，喜欢把我抱在怀里，用他的嘴亲吻我的腮帮子，扑面的烟草味和麦芒一般的胡渣，刺得我生疼。有时，他下班回家，老远就喊我，然后他会从身上变戏法似的掏出一两颗糖果，乐得我咯咯直笑。那时候，我喜欢父亲，每天等着他下班，一听到自行车铃声响起，我就跑出去迎接父亲。直到有一天我不再穿着小裤衩在他面前晃荡，直到有一天我会躲着他换衣，直到有一天他会轻轻敲我的房门不敢擅自入内。从此以后，女儿和父亲之间，隔着墙壁，隔开了我们之间的距离。话越来越少，直到相对无言。

记忆中的父亲，对我们很严肃，很少有笑容，和我们同桌吃饭的时候，也很少说话。至多会问一下我们的学习情况，每每提起考试分数，我就会狼狈而逃。我的学习成绩一向不好，没有两个哥哥成绩好。我可是他最宠的小女儿，我怕他伤心，更怕他发脾气。只好偷偷地躲起来。好在他的事情太多，平常关心我们的时间很少，只会在饭桌上问一下大致情况。因为母亲的溺爱，从小到大，学习上我从来没用功过。随着我和父亲的距离拉大，以及少女的叛逆，我对父亲越来越敬畏，我以为我绝不会继承的那些因子和骨血，如今如水墨画般的，在阴晦的天气里，印记越来越浓。都说我那么地像他，尤其是眉眼。是的，我继承他的因子最多，我像他一样，嗜书如命。在最贫穷的那些日子里，他却很富有，而我，在最艰难的日子里，也是与书为伍。他在我们当地，是个有名的“秀才”，他书教得好，有一手漂亮的毛笔字，以至于我家逢年过节，大家都排着队上我家去讨春联。或村里遇上红白喜事，请他出面，人家才觉得有面子。

父亲不擅交际，最大的愿望，就是躲在他那不足二十平方米的书房，看书、写字、作画。年轻的时候，他的最大愿望，就是自己的作品变成铅字。令他遗憾的是，他的作品，仅仅只在广播电台播出过，没有印成铅字。作为他最宠的小女儿，我继承了他的血脉，十六岁那年，我在报刊上发表了处女作。从此，我做了一名文字工作者，完成了他未完成的心愿。记得有一次，我在《扬子晚报·青春纪事》栏目上发表了一篇文章，他打电话给我，电话里比我还激动，他说，我看了那篇文章，一共有778个字。我顺口说了句：不止吧？父亲说，是这么多字，我数了好几遍呢。父亲在电话里很郑重地对我说，能在《扬子晚报》上发表文章，是很不容易的，好好写，我希望今后能在报纸上常看到你的文章。父亲从来不给我提任何要求，这一次，他实在是太激动了。听母亲说，他把我发在《扬子晚报》的那篇作品，小心翼翼地收藏起来，每逢家里来了亲戚朋友，他就会把我的作品，拿出来示人，言语里充满了自豪。记得去年，我出了第一本文集，是父亲帮我完成了修改校对工作。

回忆起旧日时光。我蓦然发现，父亲，在光阴的人生旅途中，像你那样爱我的男人，还可以到哪里去找。还有谁像你这样爱着我？只有你，我的父亲，会无怨无悔、不计回报地爱着我。

# 玫瑰花粥

前不久到一个乡下朋友家做客，饭吃到最后，朋友突然从厨房内端出一锅粥，她笑眯眯地说，玫瑰花粥来啦！揭开锅盖，顿时玫瑰花浓浓稠稠的香味飘满房间，玫瑰花粥，听起来就很浪漫。朋友把一个个碗盛上满满的粥端上桌，我端起粥，瞬间，我的五脏六腑中都被浓郁的玫瑰花的馨香填满了。粉红的花瓣、晶莹剔透的米粒，煞是好看，喝到嘴里清香甘甜，香味扑鼻。我们一个个吃得津津有味，很快一大锅玫瑰花粥就被吃得碗底朝天。

玫瑰花粥，多么浪漫的名字。朋友介绍玫瑰花粥的做法：将未全开的玫瑰花采下，轻轻摘下花瓣，用冷水漂洗干净，粳米淘洗干净，用冷水浸泡半小时，捞出，沥干水分。在锅中加入约两瓢冷水，将粳米放入先用旺火烧沸，然后用小火熬煮成粥。粥内放入玫瑰花瓣、红枣、白糖，再煮几分钟，即可盛起食用。玫瑰花粥具有养颜美肤、补气活血的功效。

关于玫瑰花粥，朋友讲了一个感人至深的爱情故事。那年，她刚毕业不久，在一家中外合资的大企业做审计工作，她的工作就是长年奔波在企业总部旗下大大小小的分公司，审核公司的各项业务，包括财务、报表等。这项工作很辛苦，她常常刚接一项任务，就得马不停蹄地奔波到分公司。她吃饭大多数都是在火车上和路上，饭吃得不及时，她落下了胃病。胃痛的时候，她疼痛难忍。有一次在火车上她的胃病又发作了，大滴大滴的汗水从额头上滚落下来，汗水湿透了衣服。他就坐在她的旁边，见她痛苦万分，他突然心疼面前这个弱不禁风的女孩。火车到一个站点停站的时候，他立即跑下火车，不大一会儿，他买来了一碗米粥，递给她，说喝点米粥，胃会舒服一点。她感激地接过米粥，一碗米粥喝下肚。奇怪，她的胃真的好多了。她和他就这样认识了，后来他就成了她的老公。因为她，他放弃了另一个城市的稳定工作，追随她来到了现在这个城市。

这个男人知道她胃不好，一年三百六十五天，每天雷打不动地为她熬米粥，那是一碗纯粹的白米粥。粥里，只是米和水，但经过他耐心细致地用文火慢慢地熬，它们完美地交融在一起，喝一口，香味直入五脏六腑。那是一种来自阳光来自大地的香味，让人为之深深陶醉。

她喝了他熬的米粥，胃病慢慢地好了，渐渐地，也就习以为常了。

她出差的时候，他也会煲上一锅熬好的米粥让她带在路上喝。有一次，因为临时出差，走得匆忙，忘记带上他熬的米粥。那天晚上，她没喝上他熬的米粥，觉得特别难受。出差半个月，为了喝到那样一碗粥，她跑遍了这个城市大大小小的餐馆。可每一次，她收获的都是失望。那些白米粥，要么寡淡无味，要么甜得腻人，让她根本无法下咽。

那天她终于出差回来，到家已经是夜里 12 点了，她刚把行礼放下，他就从厨房里端出一碗热气腾腾的米粥。不同的是，这次粥里，又加进了玫瑰和红枣，她坐下来，用勺子慢慢地边搅边喝。粥有点黏稠，喝上一口，浓郁的玫瑰花的馨香直入五脏六腑。香甜可口，清香怡人，暖胃补气，而来自米粒深处的香味，总让她感到自己就坐在春天的田野里。一碗粥喝完，她的肠胃感到分外熨帖分外舒适。

她问，这是什么粥，这么好喝。

他说，玫瑰花粥，可补气养颜。最近见你老是熬夜，肤色愈来愈暗淡，就在网上搜了一些资料，为你熬的玫瑰花粥，怎么样，好喝吗？

她问他，这要熬多久，这么香？

他说道：很容易的，用砂锅熬，少放米，多放水。停了停，他说不过玫瑰花最好是新鲜的，用冷水浸泡半小时。他说为了采摘玫瑰花，他专门开车到几十里路的郊外，在朋友的花园里采摘的。他接着说道：不过，熬粥只能用文火，从头到尾都用文火。

她很惊讶：用文火？那得多长时间啊？

他淡淡地答道：差不多两小时吧。

她一愣，无边的热浪从她的心底席卷而过，她的眼里噙满了泪水，她一下子扑进了他的怀抱。她突然懂得，这么多年来，这个男人的爱一直都在宠着她，呵护着她，关怀着她，他的爱尽管平凡，犹如这一碗粥一样，不离不弃，有着家常的味道，但他的爱熨帖温暖，相濡以沫。

其实生活就像这一碗玫瑰粥一样，千变万化都离不了白粥做底子。而爱情，就像这米粥一样，包容、理解、信任，就是爱情的调料。生活中所有的幸福，不过白粥做底，锦上添花。而他们的爱情，就像这白米粥一样，随着时间的推移，绽放出玫瑰一样的馨香。

# 槐花饼

五月的一天早晨，沿着小城的环城河边漫步。早上空气清新，忽然，一阵浓郁的花香扑面而来，沁人心脾，循着花香，我看到环城河对面的一棵高大槐树。树上都挂满了白色的花朵，一串串洁白的花在春风里摇曳，如一群翩翩起舞的白蝴蝶，素雅的清香在空气中飘荡，四周弥漫着槐花的清香。

自从小城环城河新辟了沿河观光带，这棵槐树，被当作一景从别处移植过来。其他树种众多，独独它，只一棵。袅袅婷婷地立在风中，清清爽爽地开着，空气中散发出浓郁甜香的气息，沁人心脾，令人沉醉。

比起桃花、梨花，槐花朴实无华，是乡下的孩子，好养活。与人更亲，因为槐花不仅看着美，闻着香，还可以食用。在我童年的记忆里，在村里的池塘边，道路旁，还有家家门前屋后、院子里，基本都能看到槐树的影子。它适应能力很强，种子不论落到那里，都能生根发芽，并且茁壮成长，有的长成参天大树，茂密的枝叶在炎炎的烈日来临的时候，为我们遮阳挡雨。

记得小时候，对于我们这些孩子们来说，最开心的就是爬到树上，将一串串的槐花，从高高的树枝上摘下来，一边摘，一边往嘴里塞着新鲜的槐花。那是极其盛大的场景，树上开着槐花，地上掉着槐花，小孩的脖子上、肩上落着槐花，口袋里还塞着一串串白。随便摘取一朵，放嘴里细细咀嚼，那淡淡的香甜感觉从嘴里一直甜到心里。槐花盛开的季节，人们把花骨朵儿摘下来，用清水洗净，放在蒸笼里用文火蒸。蒸好后的槐花软软的，将它们放在阳光下晾晒，等到槐花干了，小心地贮藏起来。这晾干后的槐花的确是大自然馈赠给人们的一道美味，想吃的时候，随时可以拿出来食用。槐花可以做包子、包饺子、做汤圆、做槐花炒蛋，我最喜欢吃的，还是槐花饼。

将洗净的槐花切碎加入面粉拌匀，再加入精盐、味精等调料，然后倒上油，在锅里煎。当黄澄澄的槐花饼，从锅里拿出来的时候，香气扑鼻，轻咬一口，松软香酥，满嘴留香。槐花的清香在口中回荡，香甜黏糯，真是天下难得美味。

如今，无论走到哪里，品尝过多少山珍海味，但是心里还是觉得，童年的槐花饼最好吃。

槐花味道清香甘甜，富含维生素和多种矿物质，同时还具有清热解毒、凉血润肺、降血压、预防中风的功效。对于日常养生保健，槐树一身都是宝，槐花、槐米是药食两用的养生之品。前不久，在一个朋友家做客，朋友端出了一大锅槐花粥。雪白的花瓣、晶莹剔透的米粒，煞是好看，喝到嘴里清香甘甜，香味扑鼻。瞬间，我的五脏六腑都被浓郁的槐花馨香填满了。我们一个个吃得津津有味，很快一大锅槐花粥就吃了碗底朝天。本来对文友还有些疏离，因为一锅槐花粥，就那么贴心贴肺温暖着，关系瞬间变得亲密起来，大家都是农民的孩子，对槐花有着天然的情愫。

童年的槐花饼，浸满着浓浓的乡情和淳朴香甜的气味，给了我精神和物质的双重享受。槐花的品格，一直激励着感染着我，让我觉得无论生命多么平凡，环境如何艰难，只要心怀美好，执着前行，生活，一样会春暖花开，馨香满怀！

# 冬至

冬至，它是我国沿袭千年的一个传统节日，也是现代二十四个节气之一。人们把冬至看做节气的起点，从此日子一天天长起来，叫做“冬至——阳生”。在民间，俗话说“过了冬，一天长一葱”。

冬至节是数九的第一天，旧时，人们从这天起开始数九消寒，盼望春回大地。而在民间，流传最为广泛的当属“九九歌”，“一九二九不出手，三九四九冰上走，五九六九沿河看柳；七九河开，八九燕来，九九加一九，耕牛遍地走。”唱着它，人们便一步一步走出冬天，迎来充满希望的春天。

今天是冬至，我没有吃到妈妈包的菜饼和油炸丸子，也没有吃到婆婆蒸的米糕。坐在电脑前，想着小时候过冬的情景，那时候的冬至，是极其隆重的。大人们和过年一样，早早就忙着过冬，做豆腐、蒸馒头、杀猪宰羊，过节的氛围很浓。

小时候的冬至，妈妈提前一星期就开始准备过冬的食物，等到冬至那天，天刚蒙蒙亮，妈妈就起来将早已准备好的肉馅、豆腐馅、萝卜馅搓揉成一个个团子，爸爸抱来一堆柴火，一家人就开始忙活起来。锅里烧了一大锅热油，爸爸烧锅，妈妈把搓揉成的肉团子、豆腐、萝卜团子放在油锅里炸，等团子炸成金黄色，就从锅里捞出来。冒着热气的肉丸子香味弥漫在四周，我们姊妹几个顾不上洗漱，抓着丸子就吃开了，这时候的父母也是极好说话的，只是笑着说慢慢吃，别噎着。冬至的早上，早饭就是吃油炸丸子，喝小米粥。到了晚上祭奠过祖先，隆重的节日才算正式开始。丰盛的菜肴摆了满满一桌，我们一家人围在圆桌周围，一边聊着生活的点滴，一边吃着团圆饭，幸福的日子洋溢在浓浓的节日氛围中。

如今，再也没有小时候过冬至的心情了。节日是越来越多，过节的味道却越来越淡。老人们常说：过了冬至就是年。当然了，到了这把年纪自然是不会再急急地期盼过年。如果说不介意老，我还没有那么豁达。感到时间无情，转瞬即逝。在我还没有充分准备好时，不管我是否愿意，如箭的光阴还是把我带到了中年。

想起杜甫一句脍炙人口的诗句："天时人事日相催，冬至阳生春又来"。冬至阳生，是啊，尽管冬天还很漫长，冬至是一年当中最寒冷的节气，但是我依然从心底感受到阳气从地层下滚滚而上的气势，仿佛听到地下的万物在涌动，河流潺潺，树木发芽，春天的脚步也便发出了铿锵声响。如同今日外面天寒地冻，朋友的一个短信，一声问候、一句祝福，让我体会到了严寒中的温暖，此时我想起了英国诗人雪莱的一句诗：冬天来了，春天还会远吗？

# 又闻玉米香

在菜场的一角，它就那样静静地躺在那里，毫不起眼，像极了古时候的丫环，一身朴素的打扮，穿着青绿衣，顶着褐黄樱。躺在一个柳条编的筐里，那绿，那黄，一下子吸引了我的眼球。筐里盛着嫩玉米，是我最喜欢吃的玉米棒子。我一下子买了好几个，这可是我小时候最常吃的东西。

记得小时候家里很穷，那时候的农村，主食之一就是玉米。家家户户都种着玉米，每到玉米快成熟的季节，母亲总会掰来几个嫩棒子，放在烧饭的锅里，煮给我们吃。或者，在烧好饭的红红的草灰里，埋几个嫩嫩的玉米。不一会儿，就会闻到烧熟的玉米发出的香味。那种扑鼻而来的香味，诱惑着我咽着口水。每每拿着烧熟的玉米棒子，我会狼吞虎咽地啃着，顾不得满头满脸都是灰，一口气能吃上三两个。每每这个时候，哥哥姐姐就取笑我，说我变成花脸猫了。那时我曾天真地想，天底下还有没有比玉米棒子更好吃的美味了。

那时候的乡下，没有什么好吃的东西，都是自家地里种的玉米、麦子，平常最好吃的东西就是煮玉米或烧红薯。可惜的是吃嫩棒子的玉米时间不长，很快玉米就长老了。

长老了的玉米就可以收了，可以剥粒了，剥玉米可是个费时费工又累人的活。童年记忆最深的就是在初秋的夜晚，万籁俱寂，一轮银月挂在空中，满天的繁星闪闪烁烁。吃完晚饭，家家户户都搬着凳子，面前放着一个大巴斗，里面放着满满的玉米棒子，我们全家人围坐一起开始剥粒。棒子粒排列紧密坚实，想徒手剥不仅慢还费劲。这时候父亲就找个大铁锥子来，从棒子顶端对着一排玉米粒用劲刺下去，每隔两排刺一道，棒子粒基本快去一半了，这样我们徒手剥起来就快多了，也省劲多了。就是这样，剥玉米的工作量还是很大，那时候家家都有好几亩地的玉米，人口多的人家甚至有好几十亩呢，完全靠手工剥。有的人家，一年到头天天都有玉米剥，很累人。

常常剥着剥着，我就开始打瞌睡了。为了不让我们睡着，父亲就会讲故事给我们听，他会讲王子与公主的故事、美人鱼、董永和七仙女的故事。作为语文老师的父亲，故事总是讲得绘声绘色，有时还故意卖关子。他精彩的故事会吸引周围的小伙伴，他们会帮着我们一边剥玉米一边听故事。因为有故事听，剥玉米不再那么枯燥了。有时，母亲为了感谢那些帮忙剥玉米的孩子，还会每人发上一把水果糖。大家吃着糖，剥着玉米，还有精彩的故事听，在那些月色融融的夜晚，生活变得充实而有意义。每每回忆起童年，最难忘的，就是一家人坐在月光下，围坐着剥玉米的情景。

这是新上市的鲜玉米，回到家，剥去棒子外面层层绿色的外衣，小心地抽掉一根根银须，洗净，放在锅里煮了起来。不一会儿，屋里就溢满了棒子那甜甜的香气。揭开锅，扑鼻的清香沁人心脾，拿在手上，一排排嫩黄嫩黄的玉米粒晶莹剔透，色泽圆润，饱满得像少女的皮肤，吹弹可破。咬上一口，娇娇嫩嫩，唇齿生香，余香绵长，仿佛又让我回到了童年，那个有玉米棒可吃的童年。回忆有着玉米棒一样的清香，悠远绵长，有着幸福的味道……

# 母亲的饺子

我最爱吃饺子。

小时候爱吃饺子，每当看到母亲系着围裙包饺子就觉得很幸福。长大了还是爱吃，百吃不厌，但我最爱吃的还是母亲包的饺子。

老家在苏北农村，小时候能吃饱饭就已经不错了，那时候，在我眼里饺子是一种极奢侈的食物。平常难得吃上一回，只有过年过节或是生病时母亲才会包，所以平日里对吃饺子就非常地渴望。最喜欢这样一种场景，冬天的傍晚，屋外天寒地冻，室内炉火烧得很旺，一家人围在一起包饺子。母亲揉好了面，拌出了馅，父亲笑呵呵地坐在边上抽着旱烟。我和哥哥姐姐围在圆桌的周围，一边包着饺子，一边把面擀成了一张张的团圆，在欢声笑语之中诉说着来年的愿望，把幸福的心情包在这团团圆圆的饺子中。

母亲总爱悄悄地在饺子里放入一枚硬币，包入了硬币的饺子会被母亲小心地标出了记号，这个秘密只有她一个人知道。当母亲盛出一个个月牙似的晶莹透亮的饺子，装入那莹莹如玉的白瓷碗中，第一碗总是盛给父亲的。父亲是一家之主，一家人的希望都寄托在父亲的身上。等到父亲吃到了财运的饺子，我们就会把祝福的话语满满地送上。这时候，笑容像菊花一样绽放在父亲黑黑的脸庞，即使生活再艰辛，他也会给我们一个安心的笑容。这时候一向沉默如山的父亲，就会打开话匣子，无非说一些让我们安心读书、好好学习，生活会越来越好之类的话语。说得我们的心就像那红红的炉火，伴随着沸腾的水花，充满希望地期盼新的一年生活会越过越红火。

后来，随着生活条件越来越好，饺子已经成为家常便饭，想吃饺子随时随地都可以包，这时候的饺子，也不再是以前的单一品种，而是变着花样翻新着种种馅料，芹菜猪肉、冬瓜虾皮、大葱羊肉、韭菜鸡蛋，等等。母亲总在琢磨换换口味，让大家百吃不厌。

如今，我们都已各自成家，有自己的工作和生活，不能经常回到父母身边。母亲就时常打电话给我们，问我们什么时候回家，好给我们包饺子吃。母亲知道我最爱吃饺子，每过一段时间，就会包我爱吃的韭菜饺子送来给我。有时候，我想吃饺子，一个电话，母亲就会乐呵呵地送来我爱吃的饺子。

每逢重大事情或者我出差远行的时候，母亲也会亲手为我包饺子，意寓顺利、圆满、吉祥。尽管现在饺子不再是什么奢侈品，但吃着母亲亲手包的饺子，咬一口香醇，喝一口甘甜。那一个个香喷喷的饺子里，不仅有母亲的精工细做的耐心，还饱含了对儿女们浓浓的爱意。

最难忘的莫过于除夕之夜的饺子，一家人团团圆圆快快乐乐地在鞭炮声和祝福声中吃饺子，这是一年之中最幸福的事情了。有了母亲包的饺子，年也便更有了年味。

# 母亲的米饭

网上看到一则新闻，说凤凰卫视主持人鲁豫为了减肥，每次吃米饭，都是一粒一粒地数着吃的。什么时候吃米饭又回到了数着吃的年代？记得小时候，吃米饭，我还真是一粒一粒数着吃过。清楚地记得，有一次我生病，妈妈为我蒸过一碗米饭，那时，这是家里最好的食物了，扑鼻而来的香味令病中的我食欲大振，我一粒一粒细细地嚼着，1289 粒，这是我记忆深处吃过的最难忘的一次米饭。

在那个贫穷的年代，吃米饭，对于我来说是很奢侈的一件事情。

我一直喜欢吃米饭，对于米饭，有一种特殊的情愫，是缘于儿时生活的贫穷。家乡是不产稻谷的，那些尖尖小小温润银亮的米来自遥远的南方。那时，我在家里排行最小，母亲生我的时候患了一场大病，没有奶水，我生下来就营养不良，为此，在我三四个月大的时候，母亲就用米粥一口一口地喂养我。我是喝着母亲熬的米粥长大的，因为身体娇弱，从小自然受宠。在我记事的时候，每天晚餐时母亲都会为我准备一碗让哥哥姐姐们垂涎欲滴的大米饭。就是这样一碗大米饭，在那个物质匮乏的年代，让我比别人更早体验生活的甜蜜。

大约十来岁的时候，家里的生活条件好了，哥哥姐姐们都能吃上米饭了。可是，就是这样，也不是每顿都能吃上了的，每周能吃上两三顿米饭，已经是很奢侈的事了。平常的日子，我们的主食还是红薯烙的煎饼，或者玉米饼。因为要吃大米饭，家里就要用玉米或小麦从小贩那里用三倍的价钱兑换米。那时候米对我们家乡的人来说，是金贵的。可是，我最喜欢吃的还是米饭，平常的日子，每每啃着硬邦邦的玉米饼难以下咽，我就对母亲说，等长大了挣到钱，一定要天天吃米饭。那时候，我最大的愿望，就是长大了能天天吃上白米饭。童年的白米饭，曾经让我那样地深深想念。

后来读中学，读大学，我每次回家，饭桌上都无一例外会出现一碗白米饭。那时候的米饭已经不是什么稀罕物了，只是我总觉得，不管走到哪里，吃的米饭都没有母亲蒸的香。

后来我参加了工作，并留在我读书的那个城市，结婚生子，一年中难得回家一次两次，可每次回家，母亲都毫不例外地为我蒸上一碗大米饭，每次吃着母亲为我蒸的米饭，我仿佛又回到了童年的时代，那个对米饭垂涎三尺的年代。

如今，随着物质生活的丰富，米饭已经成为现代人一日三餐的主食。然而，这时候的我却再也不敢像小时候那样酣畅淋漓地吃个饱，怕胖，减肥，吃饭都是以蔬菜为主食。我一直钟爱的米饭，已不再让我魂牵梦绕，现在吃米饭，再也找不到小时候的感觉了。

只是每次回家，母亲不管多忙，不管餐桌上如何丰盛，母亲从不忘为我蒸一碗米饭。母亲坐在旁边，笑眯眯地看着我，把那碗米饭吃完。尽管母亲蒸的米饭很香，是外边所吃不到的那种香。可是对于米饭，我已经吃腻了，有时想对母亲说，我现在不太喜欢吃米饭了。可是怕伤了母亲的心，终究没说。每次，我都会把那碗米饭吃得干干净净。

母亲的心，多像这盛着的满满一碗米饭，不管我走多远，米饭的香味，都会温暖着我的胃，温暖我路上的风风雨雨。

# 温暖腊八粥

冬至已过，年的脚步近了。进入腊月，扑面而来的第一个节日就是“腊八节”。在我们苏北传统的风俗里，腊八节是一定要吃腊八粥的。

老家位于苏北平原一个小乡村，习俗很多。在我的家乡，每年农历十二月初八这天，各家各户都要熬上一大锅糯米粥，俗称腊八粥。记得小时候，母亲早在几天前，就准备了小米、红豆、薏米、玉米、绿豆、花生、百合和红枣，主粮是糯米。一直以为糯米用来煮粥是再适合不过，有种粘连清香的感觉，需要在煤炉上用文火慢慢地煨。

腊八节的头天晚上，母亲就早已把准备好的材料放在锅里。腊八节那天母亲总是早早起来，细火慢煮。等我们起床的时候，腊八粥的香味浓浓稠稠飘满房间。我们姐弟四人，迫不及待洗手洗脸，只见母亲从大大的钢筋锅里，把粥满满地盛在碗中，再把一个个碗端上桌。我端起粥一看，红的枣、绿的豆，五颜六色的粥煞是好看，一股股清香扑鼻而来，黏糊糊、甜丝丝，吃到嘴里香喷喷的，喝起来全身暖洋洋的。那又黏又甜的感觉，至今想起来仍然回味无穷。一家六口围在圆桌前吃了起来。记得那天桌上不需要什么菜，我们却一个个吃得津津有味的，每个人的肚子都被撑得圆圆的。在那个物质贫乏的年代，能喝上碗腊八粥，那可是难得的享受呀！有时候，母亲为了我们这些嘴馋的孩子，特意在我们碗里放上一匙红糖，香甜可口。

腊八节喝粥，有一种特别的味道，也是一种年的味道。一到腊月，那些在外打工的游子、出门做生意的小贩，就开始在寒冬腊月里奔赴故乡的怀抱，回到家里喝着温暖的腊八粥，一家人团团圆圆地围坐在一起，粥的清香已融入了全家欢乐的滋味里。大家的心中就有了一股热乎劲，冷冷清清的冬天，就渐渐地热闹起来。虽然，大家辛辛苦苦忙碌了一年，但只要一家人平平安安地在一起，再苦再难的日子里也能品出幸福来。

我喜欢喝粥，尤其喜欢喝腊八粥，因为腊八粥在寒冬里传递的是一份家的温暖。喝着粥，品出了生活的甜美，亲情的甜蜜。

# 母亲的手擀面

自工作后结婚生子，专心经营着自己的小家，回家的机会少之又少。每次在家里的时间也仅仅两三天，早已不记得从什么时候开始，就极少吃到母亲做的手擀面了。每每想家的时候，就是想酣畅淋漓地吃上母亲亲手做的一碗热气腾腾的手擀面……

小时候，几乎每周都能吃上一两顿母亲的手擀面。在那个物质条件相当匮乏的年代，农村家家都很穷，每周能吃上一两顿母亲的手擀面，已经很奢侈了。那时候父亲是一所中学的校长，家里生活相对要殷实一些。父亲喜欢吃手擀面。沾了父亲的光，父亲每次想吃手擀面，母亲就会放下手中的活去为他做，我们自然也见者有份。

母亲的手擀面可谓一绝。我最喜欢看母亲和面，像变戏法一样，干干的面粉眨眼工夫就成面团了，母亲告诉我，要想面有劲道，就要用淡盐水和面，不要怕费时间，边加水边和面，直到和匀为止。和匀之后，母亲用大擀面杖，来来回回地擀，擀面是件力气活，要用大点的擀面杖，这样才能把一大团面擀匀称。母亲擀面条的时候，常常看见她的额上沁着密密的汗珠，很快一大团面就变成薄薄的一大张了。切面是母亲最拿手的，从右到左，一口气切完，不停歇，又细又匀又有劲道，而且不会断。等锅里的水沸腾了，将切好的面条朝着一个方向投入锅中，待面条飘起来时，便用筷子来回搅拌。面条第二次沸腾之后，便可出锅了。

母亲的手擀面筋道、可口，吃到嘴里软软的，滑滑的，香香的，非常暖胃，是我从小就爱吃的主食。现在，嫁到婆家已经有十几年了。可是，每次回农村老家，只要有时间在家吃饭，母亲就会主动给我做两碗手擀面。我也会细嚼慢咽，有滋有味、美美地吃完，就像是母亲给我做了一顿山珍海味一样，感到十分满足和幸福。

前几日，和父母一起闲聊，说起什么好吃的时候，父亲开口就说："什么山珍海味也不及你妈的手擀面呀！"父亲一脸投入的样子，仿佛是在品尝人间美味。看来，他此生离不开那吃了四十多年的手擀面了！

随着生活水平的提高，我们吃的东西也越来越丰富。但这么多年来，我对手擀面的热爱仍痴心不改。虽然在酒店吃过不少手擀面，但全然没有了小时候的味道，没有了母亲的味道。因为我知道，母亲的手擀面不是普通的面条，那里面凝聚着浓浓的亲情，有母亲浓浓的爱在里面，这份亲情是永远难以割舍的……

# 二舅回家

清明节前夕母亲打来电话，说二舅要回来了。今年是外婆去世三十五周年，二舅要回来给外婆上坟。母亲电话里掩不住的喜悦，这就是血浓于水的亲情，不管多大，这种血缘关系都无法改变。

二舅定居在南京，其实离我们这里坐车也就三四个小时的路程，尽管这样二舅还是很少回来。距离上次回来已经有十几年了，二舅今年已经八十一岁的高龄了，这些年来一直腿脚不好，上下楼都得有人搀扶，加之患上老年“三高”综合症，为此，这么多年他一直没有回来。

二舅这次回家，可能与母亲患病有关。去年十一月，一向身体硬朗的母亲突然查出患脑膜瘤。这突如其来的打击把我们姊妹几乎击蒙了，经过商议，决定把母亲带到南京军区总院做手术。因为那儿的医疗条件，相对于我们的小城来说，要好得多。之前，我联系了我们单位在那里进修的医生小丁，一切都很顺利，母亲住进了医院。对于母亲的病，尽管我们都很担扰，可在她老人家面前，我们都压抑着，尽量不表现出来。母亲得知住在南京军区总院，这是二舅以前工作过的单位很开心。她一再坚持，要见见二舅，其实二舅家就住在总院附近，可去之前我们并没有和他联系，一来怕他担心，最重要的，是他老人家身体也不好，不想麻烦他们。尽管这样，由于担心母亲的病情，怕万一手术有什么风险，为了却母亲的心愿，手术之前，我们还是告诉了二舅，觉得无论如何也要让他们兄妹俩见上一面。

二舅听说母亲住院了，说什么也要来见母亲。二舅是表哥推着轮椅送来的，他见到母亲，一下子泪就流下来了。是啊，去年也是这个季节，二舅过八十大寿，母亲和父亲千里迢迢，来给他老人家祝寿，仅仅一年的时间，他们却以这种方式见面。母亲倒没说什么，由于不知道自己病情，母亲很放松。见到二舅，母亲很是激动。母亲住院的那段时间，二舅家的表姐表哥以及二舅妈，每天轮番去看母亲，母亲高兴得跟小孩子似的。

手术很成功，母亲顺利地康复出院了。母亲回到家，不到一个月就能下床走路了，隔三差五，母亲就会打电话给二舅，汇报她的康复情况。二舅也很高兴，没事老兄妹俩就会在电话里聊天，越聊越亲热，于是，在今年年初，二舅不顾孩子们的反对，坚持要求清明节回来给外婆扫墓。

二舅十七岁就外出当兵，是个老革命，年轻时参加过抗美援朝、自卫反击战，是从死人堆里逃出来的，回来后一直在南京某部队工作，直至退休。

清明回来，我们带二舅参观虞姬生态园、花木大世界、苏北车市、新河古栗林。二舅感慨地说，沭阳的变化，真是翻天覆地、日新月异啊，如今的沭阳，真是一天一个样子。二舅很是兴奋，他没想到，才十几年，家乡变化真大。宽阔的马路，耸立的高楼，这哪是个小城，简直与南京城都没有什么区别了。他说，这次回来，感受最大的就是，沭阳变化太大了，看到我们这些人过得都很好，他由衷地高兴。

二舅说，明年，他还要回来，家是根啊，还是家乡好啊！

# 朴素的丝瓜

丝瓜是乡下的孩子，不娇贵，好养活。丝瓜苗纤细、柔弱，长得弱不禁风，不显山，不露水。随便种几棵在墙根或者是院子旮旯里，想起来的时候，就随便浇几瓢水，想不起来，它独自微不足道地伏在草丛里，一场酣畅淋漓的大雨过后，丝瓜就爬满了院墙，屋顶。一朵一朵的小花，笑逐颜开的，丝瓜花不美，但清纯、朴素着一张小脸，就像乡下的小姑娘，清秀水灵，让你忍不住喜爱。

在乡村，几乎家家都会种上几棵丝瓜。不是仅仅因为丝瓜好吃，营养价值高，而是哪家院子里如果不栽种几棵丝瓜，看不见满墙和满架的碧绿，就觉得不像是个夏天，丝瓜花缀满院子，整个夏天都生机盎然，桃红柳绿，莺歌燕舞。

记忆里童年的每个夏天，我家房前屋后都打扮成丝瓜的乐园。母亲在丝瓜架下，施肥，浇水，因此我家的丝瓜架上，开满了一院的丝瓜花，这朵花谢了，那朵又开了，那种淡淡的香气，浓烈而又美好，如风情万种的女子，袅娜着纤细的腰肢，牵牵绕绕，绕绕牵牵，芬芳馥郁，妙曼无比。

母亲会用丝瓜做许多菜肴，丝瓜豆腐汤，丝瓜炒蚕豆，丝瓜炒鸡蛋，丝瓜炒馓子。丝瓜炒鸡蛋是母亲的拿手菜，不过这道菜平常我们很少吃到，只有来了客人的时候，母亲才会做这道菜。母亲会让我从鸡窝里掏出两个鸡蛋，她从院墙上摘两三根鲜嫩的丝瓜，刮掉青绿色的皮，把里面白色的瓤切成薄片或者长条状。把土灶锅烧得热热的，放上豆油，放入打好的鸡蛋翻炒，待到鸡蛋金黄时，放入葱花、随后放入丝瓜，翻炒熟了，加点盐和蒜。吃起来丝瓜柔滑可口，鸡蛋香气扑鼻，滋润了童年物质贫乏的味蕾。

如今，在钢筋混凝土包围的城市久了，很难看到一片绿色。今年夏天的一个傍晚，忽然闻到了一阵淡淡的清香，在我家阳台对面楼下的一处墙角，先是看见一朵两朵的丝瓜花，羞羞答答绽放，细细的，沿着树枝攀援而上，纤细的腰肢，在风中妙曼着，我欣喜无比。不几日，丝瓜花就开满了整个楼下的绿化带，我看见已经七十多岁的邻居王奶奶，正在为丝瓜浇水，拔草施肥，丝瓜藤上，开满一朵朵金色的小喇叭，点缀在绿得发亮的绸缎之间，花朵摇曳生姿，淡香弥漫，引来蜂蝶纷扰，一派盎然生机。

我知道，今年这个夏天，又有鲜美可口的丝瓜吃了。王奶奶住在我家对面的一楼，自从去年王爷爷去世，就只有王奶奶一个人了。本以为王奶奶一个人会很孤独，谁知王奶奶整天忙忙碌碌。冬天，忙着腌咸菜、萝卜干，腌出来的咸菜王奶奶会东家给一份，西家给一份，有一次还送了我一碗豆瓣酱。

王奶奶一辈子吃了很多苦，老了也闲不住。自从王爷爷去世后，她更是一天到晚忙碌着，她腌的那些咸菜、萝卜干都送了人。听邻居说，王奶奶就是一个人太孤独，想找点事情做做。后来，我看见王奶奶，大老远地就打招呼，王奶奶，您送的豆瓣酱可真好吃，是您自己做的吧。王奶奶高兴地说，闺女，真好吃吗，吃完了再来拿呀，我家还有呢。王奶奶说这话的时候，脸上的笑容，很灿烂，很真切。自此，我家一个冬天的咸菜，都是王奶奶送来的。

窗外，绿树成荫，暖风轻拂。丝瓜藤下，一个弱小忙碌的身影，她在精心侍弄着每一棵丝瓜，阳光下她神态平和，面容慈祥。原来，只要对生活充满了热情，生活一样生机盎然。这使我想起了一些美好的词汇，爱，温暖，阳光，幸福，还有就是——感恩。

# 荠菜飘香

母亲常说：“三月三，荠菜赛灵丹”。在家乡，荠菜是报春的野菜。三月里，春回大地，绿上柳梢的时节。在春雨的滋润下，在乡村的田埂上、河沟旁、菜地里，便会破土拱出一片片、一簇簇绿莹莹的荠菜。青嫩素净，淡雅清香，那散发泥土馨香的荠菜，让我想起了儿时挖荠菜的情景。

儿时的记忆里，家家户户都很穷，春天的餐桌上没有什么像样的菜，几场春雨过后，阳光渐渐明媚起来，大自然到处生机勃勃，麦田里的荠菜越发肥嫩了。路边、渠边、荒地里也长满了荠菜。我和姐姐提着篮子，拿着铲子，就来到麦田里挖荠菜。田野里到处都是人，大人小孩都有。大家边挖着荠菜，边笑着闹着，你追我赶，我们边跑边唱儿歌，向广阔无垠的田野奔去，是那样地无拘无束、无忧无虑。蓝天白云，青山绿树，溪水淙淙，在大自然的怀抱里，我们恣意地呼吸着清新的空气，在田野里尽情地奔跑，洒下一串串银铃般的笑声。我们女孩子，随手采下路边的小野花，戴在头上，过家家扮新娘。还有的小伙伴，来到小河边，顾不得河水的清凉，脱鞋下去捉小鱼小虾。春天的田野，就是孩子们的乐园。等我们玩累了，挖满一篮子的荠菜，唱着歌儿高高兴兴地回家了。

挖回来的荠菜，母亲一棵棵摘去枯叶须根，清除杂草，用清水一遍遍地淘洗干净，就成了美味原料。荠菜茎叶鲜嫩、清香，全菜皆可食用，实为绿色野味的上品，青嫩素雅，味道鲜美，做汤，清炒，做菜饼，都是一道上好的佳肴。最喜欢吃荠菜烧豆腐，母亲把荠菜清洗干净，待豆腐下锅，用小火蒸三分钟，把荠菜倒入锅中，拌上盐、葱等佐料，再拌上香油，吃一口，荠菜的清香扑鼻而来，鲜嫩多汁，唇齿生香。此时在我的眼中，它就是世上最好的美味了。

“城中桃李愁风雨，春在溪头荠菜花”，荠菜是上天赐给人们的美味佳肴，吸尽天地之精华。据《本草纲目》记载：荠菜性甘，味平，具有和脾、利水、明目等多种药物功能。难怪我们农村常吃野菜的孩子不爱生病，荠菜就是上天馈赠给乡下人的礼物。荠菜可以有多种吃法，包水饺、春卷、馄饨、或煮粥，拌、炒皆可，荠菜不需多加调料，以防失去它本身的鲜美。

在我们苏北老家，饺子是主食之一，更是拿来招待客人的佳肴。有“迎客的饺子，送行的面”的说法。在我儿时的印象中，家里穷，饺子一年也吃不上几次，只有过节的时候，母亲才会称上一斤肉，给我们打打牙祭。母亲最喜欢包荠菜饺子，将荠菜剁碎，与豆干、精肉切碎拌成馅，包成饺子下锅。当一只只白白胖胖的饺子盛在碗里，柔软而晶莹的饺子皮，翠绿而朦胧的内馅隐约可见，轻轻咬一口，清香扑鼻，鲜美无比。

杨绛先生曾说：“三月三，荠菜开花赛牡丹。”此时正是吃荠菜的最佳时节，周末带上家人，到郊外挖荠菜，置身于大自然的怀抱。闭上眼睛，尽情呼吸着新鲜空气，令人心旷神怡。此时此刻，没有城市里的喧嚣与繁华，心境澄明，有一份心远地自偏的宁静。

女儿在田野里开心地奔跑，笑着，闹着，一家人边挑着荠菜，边享受着春光，其乐融融。幸福的生活其实很简单，一家人开开心心在一起，吃着自己挖来的荠菜，享受大自然的馈赠，心里仿佛有一缕春风在荡漾。

# 想念粽子

今天刚下班，住在我家隔壁的王阿姨就送来了香喷喷的糯米红枣粽子，我这才想起，一年一度的端午节又到了。又是一个五月，又是一个粽子飘香的季节。

记得小时候，早在几天前，妈妈就会张罗着过端午节。几天前就买好了花绒，为我们买来新衣，早早作好了过节的准备。到了端午节那天，吃过早饭，妈妈就会烧上一大锅开水，把碧绿的芦柴叶放在一大锅热水里煮一下。妈妈说这样芦柴叶就变柔软了，包起来米就不会漏了。妈妈性格粗枝大叶，加上农忙，每次她包的粽子形状都不漂亮，没有隔壁王奶奶会包。于是，每次包粽子，妈妈会让我把王奶奶叫来和她一起包。王奶奶小时候是地主家的小姐，属大家闺秀、心灵手巧。包出来的粽子很漂亮，小巧精致、玲珑剔透。用一根根棉线系着，糯米里加上红枣花生，煮熟后，剥开，洁白的米表层被棕叶染着微绿，透着清香。在青瓷碗里放点白糖，用筷子夹着蘸着吃，总觉得这样的粽子是最美味的粽子，能品出米和芦柴叶最美的原味。

随着生活条件的改善，现在的粽子花色品种越来越多，但每每吃上一两个就不想吃了，总觉得腻，没有小时候妈妈包的粽子的味道纯正。

嫁到婆家，再也没有吃过妈妈包的粽子。反而是姐姐每逢端午节会包一些粽子给我。我不会包粽子，因为有依赖，每逢过节，我都会收到一大包粽子。有时候是隔壁的邻居，有时候是家里的亲人，他们都会送来一大串香喷喷的粽子。

而今年的端午节，因为姐姐身体不好没有包粽子。老公知道我喜欢吃粽子，就晚上披着夜色，在超市买来了一大包粽子。放在微波炉里热一下，剥开一个，放在嘴里，但无滋无味，一点也找不到小时候吃粽子的感觉。

如今生活条件好了，粽子的品种也越来越丰富了，什么莲蓉馅的、八宝的、鲜肉的、火腿的、鸭蛋的，孩子喜欢吃什么就包什么。超市里的品种也五花八门，应有尽有。但我还是喜欢吃糯米红枣的，因为童年的粽子，一直芳香着我的记忆。粽子的味道，就是妈妈的味道。

在这样一个夜色如水的夜晚，因为想念粽子，突然有一种想流泪的冲动。每个人都有着自己的人生，在漫长的人生旅途中，我们总是要失去一些东西。很多时候，人生有那么多的无奈，当你努力地忘记一些事，以为早已经忘记了一些事。可一只粽子的味道，就那么轻易地击倒你所有的伪装。

想念粽子，想念童年那些纯真的岁月，想念一些美好和纯粹，譬如青春、爱情，譬如粽子的味道，譬如你……

岁月过得真快。回头看去，长长的一生中，总有一些时光走得飞快，总有一些人只是路过，总有一些味道只是浅尝，但是却一辈子都不会忘记。忽然忆起那一年，端午节前，你从家乡回来。那天，小雨，你打着一把蓝色格子伞。刚下火车你就为我送来了你家乡的粽子，就是这种味道的粽子。

竟然不大记得是哪一年的事情了。十年或八年，抑或三五年前？时光催人老，红了樱桃，绿了芭蕉。而我，已在时光中慢慢老去。

# 亲情是最好的年货

腊月一到，年味也渐渐浓了起来。办年货是过春节的传统习俗，腊八节一过，人们就陆续置办年货了。宰猪，做豆腐，晒香肠，做腊肉，腌咸鱼……家家户户的阳台上，挂满了各种各样的年货，而且形式多样、丰富多彩。

正如此，腊月里，市场上红红火火，人人心里都有一团火。

老家在苏北农村，记得很小的时候，物质匮乏，家家户户生活过得都紧紧巴巴的。那时候过年，没有好的吃，自家养的一头大肥猪，宰了过节。记得祭灶一过，母亲每天都忙得不可开交，忙着蒸馒头、蒸扣肉、炸丸子。母亲早早起来忙年货，我还睡在被窝里不想起来，走到我身边母亲会塞块瘦肉给我嘴里。嚼着那香喷喷的瘦肉，很有劲道，肉质鲜美，味道香浓，吃起来那么暖心。至今回想起来，那弥漫的肉香，弥漫出幸福的味道。

随着生活水平的提高，年货变得更加丰富了。那时候最喜欢跟着母亲逛街买年货。每逢临近春节的两个年货大集，老家那条长不到两里路的小街，便人潮如海，川流不息，平时没见过的摊贩仿佛一夜之间冒了出来。他们早早地在小街两旁摆满了各种年货，有春联，烟花爆竹，有大大小小的中国结，有琳琅满目的糖果糕点，等等。狭小的菜市场里，更是热闹非凡，叫卖声、吆喝声，讨价还价声，人声鼎沸，摩肩接踵，让这条小街空前地热闹。我紧紧地跟在母亲身后，在车水马龙的街道上挤来挤去。看到家里缺的年货，母亲便挤上前去开始讨价还价，然后再大包小包地把年货往家里送，有时一天赶集都要两三趟。总之，春节期间所需要的年货一定要备齐。母亲最喜欢备一些糖果瓜子类的食品，还有大糕，家里蒸的米糕当然是必需品，还有街上卖的芝麻糕、桂花糕，母亲每年都要买上十多条。母亲说高升高升，一年到头大家都图个吉利，每每亲朋好友到我家拜年，母亲都会送上两条芝麻大糕，喻意为步步高升，吉星高照。那时家家户户的门上，都挂着红红的灯笼，年味很浓。

随着社会经济的发展，现在的年货种类越来越多，人们想吃啥都能买到。我们过年回家，不会再大包小包地带年货回去，而是回家过年，一家人团团圆圆围坐在一起，老年人聊聊过去的往事，儿女们聊聊外面的世界，大家的心中就有了一股热乎劲。虽然，大家辛辛苦苦忙碌了一年，但只要一家人平平安安地在一起，再苦再难的日子也能品出幸福来。因为过年，在寒冬里传递的是一份家的温暖，那种浓浓的亲情才是最好的年货。过年，就是一家人其乐融融，品味着生活的甜美，亲情的甜蜜。

# 第二辑　爱在红尘

# 一只狐的爱情

第一次听到这首歌的时候，是在泗洪。那天我们一行人在泗洪开会，晚上在泗洪一个朋友的热情相邀下，走进那家名叫三十九度八的歌厅。三十九度八，喜欢这个名字。但凡喜欢唱歌的人，对生活都充满了热情，甚至有的属于追星族、发烧友一类，三十九度八，很适合这样的氛围。远远地，我们一行人走进这条步行街，就有歌声萦绕。小小的包厢里，柔和的灯光，打得恰到好处。绿色的植物，悬挂在墙上，几只淡绿色的沙发，宁静而幽雅。这样的环境，适合听歌，适合休闲，适合朋友相聚，叙旧，感怀一些往事。或者，静静地倾听一些声音。

不知是谁点了这首歌，总之，《求佛》在这个初夏的夜色里扑面而来。“当月光洒在我的脸上，我想我就快变了模样，有一种叫做撕心裂肺的汤，喝了它有神奇的力量，闭上眼看见天堂，那是藏着你笑的地方……”整首《求佛》曲调深沉，有着厚重的忧伤。誓言的嗓音，舒缓而低沉，把这首曲子演绎得湿漉漉的，淋透了的心，原不是雨水，而是泪水。听着这首歌，我的眼前出现了这样一种场景——那该是一个雪山之巅，天与地之间，仿佛只剩下一片白色。有一个长发飘飘的红衣女子，手执一管箫，在雪地里一支接一支地吹着曲子，月光泠泠而下，四周万籁寂静，箫声凄婉动听。整个世界，仿佛都浸透在这忧伤的箫声里，箫声似流水，潺潺而下。风吹起她的秀发，有泪随着乐曲缓缓而下，一滴一滴地滑落。化成血和泪，落在雪地，像一朵朵绽放的梅花，盛开在这雪地里。那里面，有着她无法言说的忧伤，那里面藏着她最深最痛的爱啊。这是一个痴情的女子，箫声凄凉，想必是在思念她的爱人，也或许是一只修炼千年的狐。就像《白蛇传》里的白娘子一样，一次邂逅、一个回眸，就爱上了，爱得刻骨铭心，惊心动魄。这是一只怀了爱情的狐，为了俗世的爱情，甘愿丢掉千年道行，只愿做那个粗布衣衫的凡俗女子。这样的爱情，本可以感天动地的。可他们的爱情，最终没能感动上苍，她的爱人，还是离她而去，天人永隔。这是怎样一个痴情的女子，千百年来，为了追逐爱情一路跋山涉水，纵使伤痕累累也在所不惜。

“我躲开无数个猎人的枪 ，赶走坟墓爬出的忧伤，为了你，我变成狼人模样，为了你， 染上了疯狂，为了你， 穿上厚厚的伪装 ，为了你，换了心肠……”直听得泪流满面，泪湿衣襟。原来一只狐的爱情，也可以这样美好。听着听着，突然我的内心充满了渴望。渴望一次奔跑，一场尽情的舞蹈。或者，一次热烈的拥抱。最渴望的，就是来一场轰轰烈烈的恋爱。就像这只狐一样，为了思念心爱的人，在夜色中弹琴、在月光下舞蹈。或许，我们的爱情，是不为世俗所接受的，那又怎样，那我们就私奔。私奔，这是多么可爱的一种逃离，一只狐，一旦爱上了，就再难放下。前世今生，追着随着，从没停止过。为了爱，一路披荆斩棘，不管不顾地丢了千年道行，只为了和所爱的人相守一生。

而我，为什么不能一路追随爱情，浪迹天涯。如果有这样一个人陪着，有一个肩膀可以依靠，这就是幸福，这就是俗世里的温暖。

原来，女人一生最大的幸运与幸福，不是求得锦衣玉食，飞黄腾达，而是遇到一段真爱，来一场轰轰烈烈的恋爱。然而，在尘世中，有这个愿望，似乎都太奢侈了。

# 结　爱

心心复心心，结爱务在深。
一度欲离别，千回结衣襟。
结妾独守志，结君早归意。
始知结衣裳，不如结心肠。
坐结行亦结，结尽百年月。

这是唐代诗人孟效的一首《古结爱》，说来惭愧，初见这首诗的时候，不是在书本上，而是在电视里。记得那是一个秋日的午后，电视上那个很有古典气质的女主持人，朗诵着这首诗的时候，我的心，无端生出了疼来。感觉中，那是一个爱情中的女子，坐在家门口，手里拿着针线，一针针一线线地织着爱。

想象中，这是一个新婚的小妇人，一把竹椅、一杯淡茶，倚门而坐，这是一个藏了爱的女子，眼神流露出一丝淡淡的忧郁，倚着家门翘守盼望，一颗心满满的都是牵挂。她的夫君，是出了远门的呢，只留下这个新婚的妻子，漫漫长夜独守空房，这是一种怎样的孤寂与落寞。这是一个多愁善感的女子，把她的情与爱装在心里的同心结，一针一线，反复纠缠，绕来绕去，却只是把自己困在中间，在爱情里无法自拔。

曾经，她和他的夫君，有过一段美好的日子，他们情投意合，心心相印，结成了深刻的爱意。然而，爱情终究不是生活的全部，深爱的人，要离开了， 想留，又留不下。女人的心思是何等地细腻，她想留住最爱的人，最后一丝体温，就把彼此衣服结在一起，缠缠绕绕，希望这衣服结扣能把气节守住，使夫君早日回来。

这是一颗爱着的心呢，在爱情里，女人的智商都很低。为了心爱的人，她寝食难安，食之无味。真是一个傻得不能再傻的女子，她天真地以为，把自己和爱人的衣裳结在一起，牵牵挂挂的，就能不离不弃。等到离别之时才发现，结打得再巧妙，也不如将两人的心意密密结在一处。所以不停地结，希望能恩爱百年。这是一个痴情的女子呢，为了爱，她愿意付出一切。

这样的爱情，虽然没有“山无陵，天地合、乃敢于君绝”来得感天动地，这是一种有着人情烟火般的爱情，这样的爱情，同样感动着我。一直以为，爱就要轰轰烈烈，其实相濡以沫、执子之手的爱，才能更持久，更踏实。

我向往着这样的爱情。我同样期待，有一个人，能和我相濡以沫，执手白头，我愿意守候着这样的爱情。

# 爱情的味道

初听这首歌的时候，是在一个乍暖还寒的春夜。那天，圈子里的几个人，一个诗人，一个写散文的，还有一个搞摄影的，两男两女，聚在了一起。先去小城淮河头吃了小鱼锅贴，吃过饭，去唱歌，来到小城步行街，我们走进了一家歌厅，大家都喝得有点醉意了，扯着嗓子喊。摄影哥哥多才多艺，唱的歌大多很伤感，也很有磁性。他一首接一首地唱着情歌，唱得那么投入，唱得人的心，都跟着潮湿起来。诗人弟弟就是诗人，天生的诗人气质，有着忧郁的眼神，他喜欢张学友的歌，有着沧桑和孤独，很适合他的气质。

他点了一首张学友的《味道》，就这样，在初春的夜晚，张学友的《味道》扑面而来。“今天晚上的星星很少，不知道它们跑哪儿去了，赤裸裸的天空，星星多寂廖，我以为伤心可以很少，我以为我能过得很好，谁知道一想你，思念苦无药……”当诗人弟弟用低沉的嗓音轻声地哼唱这首歌的时候，我的泪一下子流了出来，任泪水肆意流淌……

整首《味道》曲调深沉，有着厚重的忧伤，像刚刚落下一场浓烈的雾；又像深秋里，飘过一场雨，一日一日地在窗外下，下不尽地下着，让人心都跟着湿漉漉的。整首歌浸透着一种无法言说的忧伤，整首曲调舒缓而低沉。淋透心的，原不是雨水啊，而是泪水，是双眸中的泪。

这是一个怀了爱情的女子，她失恋了，带着一颗破碎的心，在月光下一遍遍地吟唱。她是爱的呀，可却与爱情隔河相望。心里竟是一千个一万个放不下，而夜凉如水之时，她却独吟神伤，饮着爱情这杯苦酒。有晶莹的泪一滴、两滴……

她的心，碎裂成一片片。女人就是很傻，爱上了就很难回头。纵使一颗心早已伤痕累累，她还是对爱情充满了期望，期望那个她爱着的男子，能转身，回头……

思念，苦涩而甜蜜。

“想念你的笑，想念你的外套，想念你白色袜子和你身上的味道……”听，再听，听着听着，我再也忍不住了，趴在桌上哭了。原来，爱情中的女子，都是一个样。爱上了，就无怨无悔。就像白素贞被法海压在雷峰塔下，她可曾悔过？爱情就像毒药，一旦上瘾了就很难戒掉。何况，是对爱情上瘾？这是鸦片香，这是爱情香，所以，瘾吧，一瘾再瘾，别怕上当受骗。

曾经，我也为爱疯狂过。想起多年前，我穿着白衬衫，黑裤子，骑着一辆半新不旧的自行车，踩着铺满落叶的小径，只为去看一个人……

那些琐碎的情节，那些刺青一样的记忆，经年过后，回想起来，记忆还如此鲜活。

“想念你的笑，想念你的外套，想念你白色袜子和你身上的味道……”歌声一遍遍在我耳边回荡，一次一次让我泪湿眼眶。在这个初春的夜晚，我闻到了空气中有爱情的味道，有一丝涩涩的甜蜜，也有一丝淡淡的忧伤……

# 爱情的凉

你说，我身上有一种淡淡的薄凉。这种骨子里浸透的凉意，就像冬天一直穿丝袜的女子，有着坚硬的神经，带着前世的巫气迎着风一个人踽踽而行，孤绝薄凉，没人懂你。你的内心是孤独的。

唯有，爱情能温暖你。

你说这话的时候，我的泪一下子流了下来。原来，我外表的冷漠，以及那种拒人千里之外的薄凉，你都懂得。你说，我的内心藏着一团火，这团火一旦爆发，就会不顾一切。

玩火自焚，我就是这样，当爱情来的时候，我就是这只飞蛾。

是的，我有着坚强的外表，坚硬的神经。这么多年，我就像一只蛹，活在自己的世界里，没人懂得，不想破茧。

你一眼望穿。

你是我命中的桃花劫，遇到了你，是我的劫数。

你了解我，比我自己还了解，我还能说什么。你懂我，懂得我想要什么，在你面前，我没了自己。

你说，你是个坚强的女人，有着很强的攻击性和叛逆性，也有很深的欲望。外表平静如水，其实你的内心暗流涌动，波涛滚滚。

你的一翻话颠覆了我，在你面前我溃不成军。

这么多年，我是一株高山上的木棉，孤独而无助，一直活在自己的世界里，没有人懂我。而你，是前世的巫，今世的蛊，遇到了，是命中注定，逃也逃不掉。多年的堤坝，在遇见你的一刹那摧毁。

你是个浪子，也是个艺术家。你多才多艺，又放荡不羁，你身上有着江湖气，你会让很多女人崇拜你。你有着野性，又有着理性。你是个矛盾综合体。

你身上有一种与生俱来的特质，那种骨子里的叛逆，桀骜不驯。你身上的每个细胞，都激情澎湃。我无法不爱你。尽管爱上你注定是个悲剧。

可是，我无法逃脱——有谁能逃脱灵魂的控制呢？纵然你是个薄情的男子，一个男子如果太有才情，也许会是薄情的。

遇到你，我万劫不复。

你是我致命的诱惑，为了你，我愿意融化，甚至，我没有了自己。就像千年白蛇白素贞在西湖断桥遇到许仙，就一下子沦陷了，顾不上自己是妖了。她道，世人原来还有这样的姹紫嫣红。为了爱焚身似火，她愿意，我亦愿意。

原来，有了爱情的人是不一样的。凉的心忽然热起来，脸就微微地红了。清早起来，刷牙的时间、洗脸的时间，一遍一遍地发着短信，吃饭了、睡觉了，什么事情都要告诉你，明知这些都是废话。爱情里，平常的日子，因为有了你，一下子变得生动了。爱情里的女子，都是一个样子，有时，放着一大堆事不做，坐在那里傻傻地想着你。爱到浓时，爱情就是瘾，一旦上了瘾，就很难戒掉了。就像张爱玲，喜欢把头低到尘埃里。

最初的一切，都是真的。我是你眼中的唯一，你的一颦一笑，你的眉、你的眼，你笑的样子，你微微蹙眉的样子。甚至你哪天穿了什么衣服，你哪天理了发，我一清二楚。曾经，我们爱得那么狂热，互相迷恋，爱到分分秒秒都想在一起。爱到极致，也是一种痛。

爱情就是激情，激情是抵不过似水流年的。没有人会相信永远，爱已凉，心已止。所有的一切，毁于一场爱的战争。原来，爱情的凉，是骨子里的凉，是心底深处的凉，是心止。

到后来，山河飘渺，只剩下一把瘦瘦的记忆。这样瘦，记不得几个刹那了。杜丽娘还因为柳梦梅拾画而团圆。现实的红尘中，没有这样的圆满。

我们的爱情，起于爱情，止于爱情。到最后，缘尽，心已灰，人散。

佛说，这是缘。

# 亲爱的，下雪了

2016年的第一场雪，是不是比往年来得更早一些？

今年冬天来得令人猝不及防，伴随淅淅沥沥的几场秋雨，天一下子就冷了。冷空气翩然而至，北风呼啸，寒风刺骨，气温一下子就降到了零度以下。雨夹着冷风，无情地敲打着窗棂，冬的脚步紧跟紧地到来了，显得局促匆忙。天气预报说，未来三天，苏北地区将有大雪到暴雪，看来，受北方冷空气的影响，我们这里也要下雪了。

今年的冬天比往年来得要早一些。早在几天前，北方的一个文友发信息来，说我们这里下了好大好大的雪，路上都结了厚厚的冰，出行都很困难。文友还用手机拍了照片传给我，背景是一片白茫茫的大雪。

没想到仅仅几天，我们这里也下雪了。昨天晚上，天空飘起了雪花，起初是零星的小雪花，那么一小朵一小朵地飘落，仿佛怕惊扰谁的甜梦。羞羞怯怯的。一夜之间，打开窗户，呵，好一个银装素裹的世界，树上、房子上、车子上，都装点成一片银白。女儿欢呼起来，下雪喽！下雪喽！孩子的世界是纯真的，就像窗外这个白茫茫的世界，纯净、透明，没有一丝瑕疵。她的快乐其实很简单，就像现在，有这么一场雪，她就会欢呼雀跃，兴奋不已。在他们的眼里，世界就是这么纯净美好，一尘不染，一个没有任何烦恼和痛苦的世界。他们快乐健康地成长着，过着他们想要的生活。

我喜欢雪，喜欢它的洁白无瑕，晶莹剔透，站在雪地，捧一捧洁白的雪花，开心极了，真有种想大声欢呼的冲动。这是一个银白色的世界，清新，透明，纯净，就像我一直向往的爱情。那么纯粹，那么美好，没有任何附加条件，爱情来得就那么顺其自然，水到渠成。

择一城终老，遇一人白首。

远方的文友发来信息，亲爱的，下雪了。这个冬天，因为有雪，因为有你，我就不会觉得冷。文友的话令我感动，寒冷的时候，一些温暖的事往往比阳光暖和得多。

这个冬天，两颗心彼此温暖，也是一件很美好的事情。

絮絮叨叨聊着一些无关紧要的话，说一些久远的事情，说一些孩子般的梦……

这个早晨的阳光显得突兀刺目起来，在这个银白的世界，一抹阳光是那样地微不足道。这个冬天，有文友陪在身边，一些人、一些事感动着我，这个冬天一样温暖如春。

忽然想起了你，亲爱的，下雪了。记得你曾对我说，下雪时候，我们一起去拍雪景。雪地里，我想穿一件红色的羽绒服，在这个银白色的世界里，你的眼里，只看到一团火在燃烧……

亲爱的，我好想做一只狐，一只修炼千年的红狐，在这场雪花盛宴中，与你相遇，与你共舞。

忽然想起了仓央嘉措的一首诗：

你见
或者不见我
我在这里
不悲不喜
你念
或者不念我
情在这里
不来不去

简简单单的诗句，就那样入了心入了肺，让我痴迷，让我沉溺，就如我们的相遇，那么美，那么纯粹。这一生，回忆有你就足够了。

# 相濡以沫

母亲今年七十岁，父亲七十四岁。母亲二十四岁那年经人介绍嫁给了父亲，父亲比母亲大四岁。他们这样的年龄，在当时那个年代都是属于大龄青年。父亲因为家里太穷，师范毕业就已经二十五岁了。母亲初中毕业后，在一所小学做了民办教师。他们经人介绍后，认识不到三个月，就结婚了。

母亲看上父亲，主要是因为他才华出众。父亲的长相很普通，因为营养不良，不足 1.7 米的个头，长得又瘦又小。那时父亲在一所中学任教，他教的班级每次考试总是在全镇名列前茅。父亲书教得好，又写一手漂亮的毛笔字，学校的宣传栏都是他设计装饰的。父亲还写一手好文章。那时县里的唯一一个广播站，常常朗诵父亲的诗歌，散文。在那个偏僻的小镇（以前叫公社），父亲因才气而出名，崇拜父亲的人很多，说媒的人踏破门槛。母亲也崇拜父亲，所以当媒人介绍父亲时，母亲还没见面，芳心就早已暗许。外婆担心父亲家穷，母亲嫁过去受罪，而母亲却下定决心嫁给父亲，说即使跟着父亲要饭，她也愿意。就因为母亲自己定下主意，而我在省城工作的两个舅舅，都没有表示反对。母亲的嫁妆很丰厚，舅舅在省城帮她买了几身新衣服，还买了一个崭新的牛皮箱子。这个牛皮箱子，当时在小城是买不到的。在那个年代，温饱都成问题，母亲的陪嫁却很风光。母亲带着少女的憧憬，欢天喜地地嫁给了父亲。

婚后第二天，按当地的风俗，新人要回门。母亲早早地起床，铺床叠被，里里外外打扫了一遍。等一切收拾好，吃饭的时候，父亲只给母亲端来了一碗玉米稀饭。这真是一碗能照人影子的稀饭，别的什么都没有。父亲低声地说，我们家都吃这个。母亲望着这一碗玉米稀饭，委屈得掉下了眼泪。尽管那个时候家家都穷，但母亲家的生活还是很好的，母亲是家里唯一的女儿，在家排行老小，上面有四个舅舅宠着，外婆又一直做点小生意，母亲从小到大，从来都没受过委屈，没过过缺衣少吃的生活。谈不上丰衣足食，但温饱还是能解决的。嫁给父亲，她想象着要过穷日子，但没想到父亲家竟然这样穷。刚过门的第一天，早饭竟然只有一碗玉米稀饭。她一气之下，饭也没吃，就和父亲上外婆家了。一路上，母亲气得没和父亲说一句话。那个时候，没有任何交通工具，出门都是靠步行。父亲家到外婆家，要走十多公里呢。母亲饥肠辘辘，又气又饿，走到外婆家时，头晕目眩，差点昏了过去。外婆端来了一碗热腾腾的大米饭，母亲三口两口就吃完了。母亲说，她至今再也没吃过那么香的米饭。

自此，母亲跟着父亲，生活的艰难可想而知。饥一顿饱一顿的，常常是吃了上顿没下顿。好在舅舅们都心疼母亲，时常接济一些。母亲说，生我们姊妹四个，姊妹三个坐月子都是在外婆家。那时候母亲常年带着我们住在外婆家，有时一年至少要在外婆家过上半年。有了我们兄妹几个后，日子过得愈来愈艰难。在外人看来，父亲是“公家人”，有一份工资拿着。其实这个家里，要不是母亲种那几亩薄地，维持家用，生活会更窘迫。后来生活渐渐好了起来，父亲做上了中学校长。做了中学校长的父亲更加忙碌了，根本无暇顾及家里。人家说父亲是家里的顶梁柱，其实在我们家里，母亲是家里的主心骨。母亲很坚强，是她支撑着这个家。母亲生下我们姊妹几个，为了照顾这个家书也不教了。家里有几亩地，都是母亲打理的。农忙的时候，母亲一个人，常常半夜起来收麦子，父亲的事情多，家里的事情他根本顾不上，都是母亲，一个人忙里忙外，把这个家撑了下来。

母亲持家的确很有一套，甚至在很多事情上都可以帮爸爸出谋献策。直到上了中学之后，我才明白，母亲经历了那么多困苦，她的身上充满了坚韧和机敏，处处透着人生的智慧。

父亲退休那几年，心理落差很大，习惯了忙碌的他，一下子无所事事，整个人都空虚了。而我们兄妹几个都已成家，不在他的身边，只有母亲陪着他，安慰他，陪着他散步，渐渐地，父亲才从失落中走了出来。

他们就这样相濡以沫，风雨同舟。这么多年来，都是母亲照顾着父亲，父亲理所当然地享受着母亲的呵护。直到去年母亲病重住院，父亲才一下子急得手足无措。第一次，父亲侍候起母亲，在床头端茶倒水，嘘寒问暖。记得有一天，我到病房里去看母亲，见父亲坐到床边，拿小勺喂妈妈喝鸡汤。他小心翼翼地吹了半天，又伸出舌头试了试烫不烫，这才喂到母亲嘴里。他笨拙地一小勺一小勺喂着母亲，极有耐心，我站在门口，泪湿眼眶。

如果说婚姻就是爱情，父亲和母亲的爱情，就是相濡以沫，就是执子之手，与子携老。他们就这样相伴到老。他们没有花前月下的浪漫，没有海誓山盟的誓言。他们的爱情，就是同甘共苦，走过人生的坎坷，就是一路相伴不离不弃，就是握着彼此的手，一起慢慢变老。

# 我是你的灰太狼

他是一个没有远大志向的男人，每天上班工作，下班吃饭。工作上从来没有太大的起色，一年两年还是那样，我有时恨铁不成钢，想尽办法刺激他。而他，依然我行我素，无动于衷。七年的婚姻生活，他除了工作上原地踏步，其余还真说不出他的不是。生活中他对我处处关心体贴，应验了当初的承诺，家里的大事小事他竭力包揽，乐得我倒也清闲，每天容光焕发，成了幸福的小女人。

我自认为不贪慕虚荣，可是情人节，当身边同事们一次次陶醉在玫瑰花中得意地炫耀时，我的幸福感还是大打折扣。嫁了这么个木讷的人，婚后我便与鲜花绝缘。我曾明里暗里暗示过他，他木讷得可恨；挑明了说吧，他总是嬉皮笑脸地说，老婆，玫瑰哪有牛奶来得实惠，你看喝牛奶的好处就是多，营养价值好不说，你看你的皮肤越来越光滑细腻，不都是爱情和牛奶的功劳。说得我气结，与这个不懂浪漫的他生活在一起，情人节俺从来就没奢望过，一年两年，俺学乖了，不再幻想了。

今天是七夕节，是中国人自己的情人节，但是七夕对于我来说已经是奢侈品，对于这样的日子，于我而言，实在与往常没有什么两样。到底是个不同寻常的日子，走在大街上，到处是流光溢彩，发现所有花店里的玫瑰都绽放出不同寻常的妩媚与娇艳，在这个特殊的节日里，那些玫瑰花所绽放的是一种与爱情有关的气息。

看着一个女孩捧着鲜花一脸的甜蜜从身边走过，内心深处突然有一丝失落感，女人都是这样，都有虚荣心，玫瑰花总是最有诱惑力。这个七夕到底还是很失落的，没有人送我心底深处最想要的东西。

回到家，那个木讷的男人正在津津有味看时下热播的动画片《喜羊羊与灰太狼》，见我回来，连忙端来热腾腾的饭菜。奇怪，竟然有我最爱吃的韭菜饺子，我连忙狼吞虎咽地吃了起来。他坐在旁边，笑眯眯地看着我，连声问，好吃吗？味道怎么样？我边吃边点头说，嗯，好吃。我奇怪地问，哪里来的饺子？

他自豪地说，是我自己包的啊。你可从来不会包饺子的，什么时候学会的？他得意洋洋地说，我老婆大人喜欢吃韭菜饺子。为此，这个暑假，我天天在家勤学苦练，终于，在这个七夕节，为你奉上了我最得意的佳作饺子盛宴，怎么样，还满意吧。

吃着这个男人为我精心准备的饺子，有一种感动从心头漫过，心里一肚子怨气早已烟消云散，只是嘴上在为自己找台阶下，这就是你送我的七夕礼物？他头点得捣蒜似的，是的，是的。我说，这样的礼物不大气，勉强合格。他嬉皮笑脸地说，嫁人要嫁灰太狼，一定要严格按照灰太狼标准要求自己，嫁给灰太狼的十大理由：第一条，灰太狼爱老婆胜过爱自己；第二条，吃苦受累爱劳动；第三条，聪明能干有毅力；第四条……我说，算了，今天晚上就背到这吧。他厚着脸皮凑过来，老婆，我是你的灰太狼，随时遵守老婆大人的旨意，我要记住以下几条：一、太太永远是对的；二、如果太太错了请参阅第一条……随即变戏法似的端出一杯热气腾腾的牛奶，说，亲爱的老婆，节日快乐！

# 蓝颜知己

每个女人，骨子里都有这样一个情结：想拥有一个蓝颜知己。他不是丈夫，不是情人，而是居住在你精神领域的那个人。他不一定英俊，也不一定要比你年长，但他一定成熟、睿智、善解人意……

所谓蓝颜知己，不是每个人都能拥有的，是一种可遇而不可求的机缘。

女人，生命中能拥有这样一个蓝颜，是何其幸运。

我是一个写字的女人，从没以为写字女人有什么不同，和大家一样，上班干活，下班回家。只是，生活中还是会有令我感动的事情发生。

记得有一次，我被抽调到某政府机关去帮忙，无意中在一个办公室，发现一本厚厚的卷宗。卷宗下面，是一叠厚厚的剪报，听说这个法庭庭长以前也是搞文字出身，因此对他增添了几分好感，听别人介绍说我是某某时，他睁大了眼睛，说你就是某某，我微笑着点了点头。他很激动，说我看过了你很多的文章，而且，都剪贴下来。说着，他打开厚厚的一叠剪报，里面贴的全是我发表的作品。就连我早期发表的作品，我自己都没有底稿，而他却通过各种渠道保存了下来。我大为感动，他对于我的关注，比我自己还上心呢。这个看上去比我大不了几岁的男人，能有这样一份细心，一份细致，真是很难得。

他还说，以前他在市里工作，曾有一个和我同名的女同志在他的楼下上班，他以为她就是那个写文章的我，每次上下班，都刻意等她一块走，和她聊上一会儿，为她开电梯，为她开门。后来有一次，他问，你的文笔好美，怎么就能写出那么多文采飞扬的作品呢？那个女的被问得一头雾水。后来才得知，人家是会计出身，根本不写文章，只不过是和我同名而已。他叙说得很平静，只是听了他的叙说，我的内心翻江倒海，波澜起伏。作为一个女人，我何其幸运，遇到那个能读懂我的人，他是用他的欣赏、爱、尊重最大限度来包容你、懂你、聆听你的那个人。

一个女人，假如生命中有一个刻骨铭心爱你的男人，又能有一个心有灵犀懂你的男人，此生足矣。

自此，我们成了无话不谈的好朋友，是那种超乎于寻常的友情、又不能简单地归类到爱情的第四类情感，介于友情与爱情之间，也许它凌驾于友情与爱情之上，也许它是一种比友情和爱情更加深刻、更加丰满的情愫。

我和他之间，没有开出像百合般纯洁坚贞的花朵，却结下了莲花般的千千心结。爱一个人，不一定拥有，能在心里时时牵挂着你，默默地注视着你，那就是你一辈子的幸福。

# 陪　伴

国庆长假，我们决定带父亲出去旅游。父亲尽管快八十岁了，但身子骨硬朗，耳不聋眼不花的，走路劲头不比年轻人逊色。我打算带着父亲去苏州玩，母亲得知后坚持要去。母亲腿脚不好，走路一瘸一拐，带着母亲出门着实不方便。可为了不让母亲失望，我们把母亲也带着。不过行程由远途改成近途了。

我们开车来到徐州的云龙山，尽管开车不到三个小时的路程，但母亲还是晕车晕得脸色苍白。坐在车里痛苦的样子，我看了心里都难受。终于到了景点，她下车后找了一个地方坐了下来，休息了好一会儿才和我们来到景区。为了方便陪母亲，我们没有选择爬山，而是在山对面的公园看看，公园不大，我们一边走一边观赏风景，母亲拄着拐杖走得很稳健，我每介绍一个景点，她就驻足，饶有兴致地听着。她摸摸假山，摸摸石墙，一会儿仰望，一会儿注视，像孩子一样认真、专注。母亲不停地赞叹，一会儿说这里的空气真好，一会儿又说这里的风景真漂亮。看着她兴致勃勃的样子，我们也跟着高兴。公园很快逛完了，女儿执意要到对面的山上去玩，我知道母亲的腿脚不好，不同意，父亲说难得来一次就带她去玩吧，我们不上山，就在山脚下等你。

我知道父亲的心思，他不忍丢下母亲一人，自己留下来陪母亲。在父亲的一再坚持下，我带着女儿去爬山，上山下山，一来一去两个多小时，回到山脚下已经是下午两点了，我想此刻父母一定很焦急，这么热的天，附近也没有饭店，他们一定是又累又饿，说不定坐在石头上打盹儿呢。回到山脚下，我发现母亲的精神很好，一脸兴奋，没有我想象的疲惫，相反很高兴。父亲看到我们回来了，兴奋地说，快看看我帮你妈拍的照片。原来当我们上山的时候，父亲带着母亲去游了云龙湖。在湖上，父亲用手机为母亲拍了很多照片。照片里，母亲的白发被风吹乱，她眯着眼张着嘴笑着，她的笑容阳光一样灿烂。我看着坐在船上的母亲，我说你不是晕船的吗，怎么还去坐船？母亲笑着说，你父亲想去坐船，我是陪着他去的。我说你不怕晕船了，母亲笑着说，有你父亲呢。

那天回来的路上，母亲兴致特别好。不但没有晕车，也没有说累呀、腿疼什么的，还兴致勃勃地向我们讲述船上的风景，说父亲开船的时候，方向盘把握不好，湖上风又大，老是撞到别的船。母亲讲这些话的时候，就像孩子一样开心。

回到家我因为太累，很快就睡着了。一觉睡醒的时候，发现房间被收拾得干干净净，桌上有我爱吃的红烧排骨、油焖茄子、青椒肉丝、韭菜饼，母亲催促我说："快来吃吧，肚子饿了吧，出去花钱还吃不到什么东西。"

那顿饭我吃得很香，吃得很饱，母亲看着我打着饱嗝，一脸的满足。我问母亲累了一天，怎么还要做这么丰盛的一桌饭。母亲说，你父亲一路念叨着今天没吃好，景点里的饭，又贵又难吃，在路上就说饿了，回来趁他休息的时候，做些好吃的让他好好补补。

看着父亲狼吞虎咽的样子，母亲笑着说慢点吃，别噎着。我突然想到了什么。母亲腿脚不好，怕走路，一走路腿就疼。怕坐船，平时坐车都呕吐，她这么卖力地陪着父亲玩，陪着父亲坐船，是为了不让父亲失望。照片里她的笑容就是让父亲知道，有他陪伴她很开心。

我突然发现，原来最好的时光就是一直陪伴着，陪伴就是最长情的告白。

# 圣诞节的礼物

这几年，对过节越来越提不起兴趣。

原因很简单，礼物对于我这样的年龄来说，已经失去了吸引力。情人节、圣诞节、生日、结婚纪念日……鲜花、巧克力、蛋糕、衣服，等等，无非都是老一套，没有一点新意，何况结婚十几年了，两个人在一起生活得太久后，已经缺少了那份激情和浪漫。

有人说，要维持一份感情的甜蜜，应该时不时地制造些惊喜和浪漫。

这话，我信。

认识老公的时候，就在圣诞节。

那时他刚毕业不到两年，在一家学校教书，拿着微薄的工资。我在一家企业做文字工作，我们都是刚毕业的穷学生，又都是农村人，工资除去交房租吃饭，一个月下来所剩无几。为企业写稿，辛苦一天回来后还要在出租屋里加班写稿，经常熬到半夜。出租屋里没有空调，也没有取暖器，我的手冻得特别厉害，手上长满冻疮，有的已溃烂，很严重。

老公长相平凡，媒人介绍我们认识的时候，我对他没留下什么深刻的印象。第一次见面，我们只是简单聊聊，吃了便饭。他把我送到出租屋门口就走了。本以为我们从此不会再有任何交集，谁知认识他的第三天晚上，正是圣诞节。那天天气异常寒冷，小雨夹着雪花，扑面而来，冷风像刀子一样打在脸上。我下了班，在外面吃了饭，回到出租屋的时候已经是晚上九点半了，见他正站在门口，身上披着雪花，看来已经等我多时了。那时我们都没有手机，不过我班上有固定电话。我当时一愣，没想到他能来找我，而且站在寒风中等这么久，本想责怪他为什么不打个电话给我，见他在寒风中冻得瑟瑟发抖，话到嘴边我没说出口。

进了出租屋，他当即拿出了刚买来的取暖器，插在电源上，很快小小的出租屋温暖如春。接着他又拿出了一瓶云南白药，他说这个治疗伤口效果好，有特效。他还说他几年前有脚气病，伤口溃烂化脓，就是用这个治好的。他让我把手清洗干净，拿出棉签蘸着药，一点一点地在我的手上小心翼翼涂抹，不时问我疼不疼，那一刻，我感动得一塌糊涂。

我突然发现，眼前的这个男孩，细心、体贴，有责任感，若能和他走在一起，他一定会细心地呵护我，照顾我，像对待公主一样宠着我。也就是在那一年，一到冬天手上就有冻疮的我，在他的细心呵护下，手上不再有冻疮了。

那时的我们很忙碌，但总能抽出时间在街头走一走，我扯着他的衣袖，他会把我的手，揣进他的衣兜里。

有时候，最简单的就是最幸福的。

婚后，我问他当年为什么买取暖器给我。他说，第一次见面就看到你手上有冻疮，吃饭的时候，你都没把手套拿下来，拿筷子夹菜，你的手都在抖。知道你写材料很辛苦，手冻得很严重，我就想，你一个刚毕业的女孩子，还不会懂得好好照顾自己，我当时就觉得很心疼，那一刻，我就发誓要好好照顾你一辈子。

# 爱你，就是愿意陪着你

张小娴说，一个男人愿意给一个女人多少时间，就是他爱她有多少。多经典的一句话。也许，这句话过于绝对，但是，爱情里，相爱的两个人，爱到浓时，分分秒秒都想待在一起。热恋的时候，两个相爱的人，整天腻在一起，哪怕什么事也不做，就这样你看着我我看着你，此刻，你的眼里，春风荡漾；我的眼里，风情万种。此时此刻，什么事也不做，只要有你陪着，这个世界，就是繁花似锦。

有你陪着，看蓝天，看白云，看朝霞，看落日，哪怕什么事也不做，就这样两个人脸对脸地发呆，硬生生地把时间浪费掉，那一定是最美的爱情了。一个男人，愿意为了你，把时间浪费掉，这就是爱了。他爱你，他愿意和你在一起。哪怕每天在一起十几个小时，天也荒了地也老了，他一点也不觉得，这个时候，他是真的爱你的。

一个男人爱一个女人，是愿意陪她的。花尽自己全部的空闲时间陪她，然后在闹别扭的时候说，你怎么这么地不知足，我一丁点的时间都给了你，我还不够爱你吗?

男人最爱你的表现，就是愿意把所有的空闲时间用来陪你。

如果，一个男人拒绝和你约会，以种种理由和借口推辞和你见面。这就说明，他不再爱你了。他不想和你见面，你们的爱情已经走到了尽头。

爱情看似甜蜜温柔激情，其实最难懂，其实最难掌控。

我认识这样一名男子，长相普通，家境一般，却娶个才貌双全的女子。大家都不能理解，这样一个美貌的女子，长相才华都很出众，怎么会嫁给这样一个平凡甚至木讷的男子。其实，这个男子没有什么特别之处，却非常有耐心，对她好是出自真心的。每天下班到她单位门口去接她，当然接她的男人很多，宝马、奔驰、最差的也是大众。而他，骑着一辆六成新摩托车，在她下班的时候，准时出现在她面前。起初，她不以为意，她想，怎么可能嫁他呢，他几乎一无所有。而她，又是那样出众。只是，一日一日停在她门前的轿车换了一辆又一辆，而他，风雨无阻，在她单位门口等着她。她和他成了好朋友，她无聊的时候，他愿意陪着她；她心情不好的时候，他守在她身边；她失恋的时候，他依然无怨无悔地守着她。这一守就是三年，最终赢得了女孩的芳心。

女子最终感慨地说，看一个男子是否对你真心，时间是最能考验爱情的，有多少爱情，能经得住时间的考验。爱情，最能检验一个人的品行。最完美的爱情，就是执子之手，相守白头。

爱情的最高形式就是归隐江湖。找一个人，慢慢变老，生老病死，牵着手，不离不弃，在时光里生死相依。

# 一米之外

我和春晓之间，也许就是时下的第四类感情。我们认识已经二十年了，二十年对一个人的青春来说，已经逝去了一大半，二十年的时间，即使是夫妻，感情都归于亲情，终归厌倦。而我和春晓之间，感情一直不温不火，若即若离，有人说，太浓烈的情感会在短时间内消耗殆尽，唯有平淡，才能久远。我和春晓的感情，因为走得不是太近保持着距离，我们才能一直走到今天。

和春晓认识以来，我们的感情一直都很平淡，所以能一直相伴走到现在。我们会不定期地遗忘彼此，但又总会不定期地记起彼此。

如果说我和春晓的距离，那就是，一米的距离。他会永远停留在那里，不靠近也不疏远，距离产生美。我和春晓之间的关系，大体如此。如果我需要他的时候，他会义无反顾，当我遇到困难的时候，他会第一个出现在我面前，他总会陪伴在我左右不离不弃。他在，我就心安。

其实，我从来没为春晓付出过什么。他有他的生活，生活中他活得多姿多彩。他的身边，也总是不缺少女人，围着他转的女人太多，奇怪我从来不妒嫉。

春晓是个多情的男人，但不滥情。我想一个男人的好坏与他多情没有多大关系，所以，我们一直相处很好。

有时我也打击春晓，我说你这样的人，长得二等残废，鼻梁上还架着一副近视眼镜，既不英俊也不挺拔，就会写一手酸溜溜的情诗，怎么就有那么多美女蜂拥而至。每每这时，春晓总是得意地大笑，他总是一副嬉皮笑脸的样子。

我们都有各自的生活，有时很长一段时间，我都会把春晓忘了，不记得生活当中还有这个人。幸福的时候，我不会想起他，只是每当我遇到挫折的时候，或生活中遇到了难题，我就会想起春晓。一个电话，他就会乐呵呵地跑来，为我出主意，想方设法地为我解决难题，只有这个时候我才觉得，春晓对于我来说多么重要。他才思敏捷，聪慧过人，他做什么事情都能做得很好。工作之余，他还经营着自己的公司，他精力过人，总是有忙不完的事情。他经常出差，十天半月是常事，有那么一段时间，我们几乎失去了联系，足足有半年，我们之间没有通过电话，没有发过信息，我甚至都怀疑，春晓是不是失踪了。

半年过后，一天晚上，他打来电话，约我到一家茶吧喝茶。见了面，我吓了一跳，他瘦了，憔悴了不少。他告诉我，他失恋了，他在我面前不止一次说过失恋了。只是，这一次，我在他的眼里看到了痛楚，看到了失恋带给他的打击。这一次，他是真的动心了。我坐在那里，什么也没说，只是默默听着他不停地诉说。对于我，他总是敞开心扉，毫无保留。他是那么信任我，对于我，他从不设防。我和他之间，就是所谓的红颜知己，他什么话都愿意对我说。

与春晓的关系，忽近忽远，有时很长一段时间失去联系。他没事的时候，有时总会粘着我，我们会在网上聊天，用手机聊天，也会到茶吧里小坐，我们就这样面对面地坐着，什么话也不说，任凭袅袅雾气从我们面前飘散。对于春晓，我没有太深的感情，只是，我离不开他。有时候我很无情，当我下决心要把他忘记时，可是，我又做不到。春晓，尽管不是我的亲人，可他和我相伴二十年了，这种感情，岂止是一般的感情，都演变成亲情了。我和他之间，已经有了一种默契，也许这辈子彼此都无法抛弃，这辈子注定就这样相依相偎。尽管，我们从来不用身体取暖。

用春晓的话，我对他来说，是很重要的，不然，他不会在我消失的时候，想要寻找我。而他从来不寻找别人。他说，我就是喜欢跟着你。我便暖暖微笑，为他的孩子气，为他不离不弃的追随。

其实，我知道，我和春晓一样，都无法从对方的世界里消失。

春晓就是春晓，本性不会变，在我面前依旧暧昧。可是很奇怪，无论春晓说些什么煽情的话，我的第一反应都是笑，可以热烈回应，却不会当真。而春晓煽情过后，我们的关系依然不会变，一样的简单而明朗。

因为一直相伴，所以很是珍惜和他这样的情谊。一直清醒地维系着这份感情，可以在聊天时偶尔玩一下暧昧，可以互相安慰，可以在空虚的时候一起打发时间。但我和春晓之间，绝不会在行动上暧昧，我不会傻到用春晓的身体取暖。我们的关系，仅限于此，不能走近，这么多年，我们一直维持得很好，相信，以后我们也一样会维持这种关系的。一米的距离，恰到好处。近了，关系就变质了，远了，就疏离了。

茫茫人海，谁靠近过我，谁心疼过我，谁刺伤了我，谁又忘了我，我都不想再念起。一路走来有春晓相伴，我相信，在今后的生活中，唯一可以一直陪伴我走下去的，也只有春晓。

他有他的生活，我也有我的生活。只是我们的灵魂是相依的，是精神上的伴侣。

有一种感情，不会因为时光久远而褪色，不会因为流年的偷换而终止。这就是我和春晓的感情。一直纯粹的情感，不含任何杂质。在人生的这趟列车上，我和春晓暖暖相伴。谁是谁的暧昧，无从辨别，我和春晓，一路相伴，互相依靠，这些，就足够了。

# 第三辑　烟火生活

# 锦衣年华

好久没逛街了，心里憋得慌。其实也就三五天，爱逛街是女人的天性，逛服装店是女人永远乐此不疲的爱好。我也不例外。

女人逛街，邀上几个好友，一起大张旗鼓地逛街去。这个时候，是女人最开心的时候了。有三两个知己，一边唠着家常，一边嚼着口香糖，或手里拿着一串糖葫芦，心情愉快得像刚出笼的小鸟，一路上叽叽喳喳说个不停。这时候的女人，心里纯净得像一泓清泉，没有一丝杂念。悠闲自得地走在大街上，一个个风情万种、风姿摇曳。这时候的女人，就是一道靓丽的风景。

走进服装店，看到刚上市的新款，就跃跃欲试。不管适不适合自己，先穿上试试再说。“人是衣服马是鞍”。在镜前，优雅地移动莲步，镜子里，原先那个灰头土脸的女人一扫往日暗淡的脸色，变得光彩照人，神采奕奕了，似乎一下子年轻好几岁。

女人逛街，最爱逛的就是时装店。街道两侧的各种时装店里，各种款式的衣服令女人眼花缭乱，目不暇接。这时候，女人极具耐心，她会细细地从东逛到西，从南逛到北，一家也不落下。多日来在班上叫苦不迭，在家怨声载道，这时候，通通一扫而光。兴致勃勃，不知疲倦。这儿摸摸，那儿试试，这件也想买，那件也想留着。很快，衣兜见底了。只好眼睁睁地看着自己心爱的衣服，恋恋不舍中放下。

女人爱衣服，更爱逛打折区。漂亮有钱的女人毕竟少数，大多数还是属于居家过日子的小女人。兜里的几个钱，算计着家里柴米油盐，还要还每月上千元的房贷。没有多余的钱专门拿出来买衣服。这样的女人会精打细算，上街最爱逛打折区。上次女人看好一件衣服，标价五百元，女人不动声色，过了一段时间，再去，衣服打折了，也就一二百元，女人喜滋滋地买了下来。钱不多，却能买到自己心仪已久的衣服，这时女人是最开心的。这样的好心情，女人能维持好长一段时间。

走在街上，到处是打折的夏装，我像淘宝一样忙得不亦乐乎。尽管已经入秋了，天已转凉，街上的人都穿上了长裤长褂了。但在这座服装城，依然是人头攒动。各种活色生香的女人围满了整条街。大家都有一个目的，夏装打折了，可以挑选自己心爱的衣服了。女人的衣橱堆满了衣服可以开个服装店了。可依然天天念叨着没有衣服穿，这是女人的通病。我淘了一件蓝色绣花棉布连衣裙，甚是欢喜，不用说，当即付了银子领回家。

女人喜欢服装，仿佛是天经地义。想起一首词：绫罗绸缎，峭壁斜寒，锦衣年华谁与度。玄冰刻悔雪飘舞，莫问情归处？是啊，女为悦己者容，同样是最青春最美丽的时候，哪个不奢望锦衣华服？同样是情深意动的年华，哪个不盼望在灯光摇曳的默默温情里和爱人深深相望？女人本身就是道靓丽的风景。她们愿意充分地展示自己的美丽，愿意大胆地暴露自己的魅力，愿意让自己的吸引力表现得淋漓尽致。在自信与活力面前，她们活得优雅从容。女人嘛，总得生如夏花灿若桃李，多几件衣服并不为过。淘衣，我喜欢。

# 走，买衣服去

周末，好友打来电话："最近南京路新开了两家服装店，要不，逛逛去。"

这个世界也许只有两样东西会让女人疯狂，那便是衣服和爱情。我赶紧爬起来，和好友街上会合。

这个小城，就是人多。又逢周末，到处都是逛街的人，尤其是以女人居多。女人，喜欢逛街，且乐此不疲。

女人逛街——逢店必进，这叫货比三家。女人买衣服——宁可错买十件，绝不放过一件自己喜欢的，这就是女人的通病。

女人喜欢买衣服，尽管家里衣橱都挂不下了，不同的季节、不同的款式，应有尽有，都可以开个服装店了。可对于逛街，买衣服，依然是兴致勃勃，乐此不疲，衣服，女人的第二张脸，女人，谁不想把自己打扮得千娇百媚、风情万种。对于美的向往、美的追求，永远是热情高涨。

听说一家新开的服装店正在搞活动，打折搞促销，我们俩当即赶了过去。远远地，就看见这家服装店里围满了人，到底是新开的服装店，都是时下流行的新款，有雪纺的、真丝的、丝绸的、亚麻的，款式新颖、样式别致。我和女友这件试试，那件也想穿穿，工作人员笑容可掬，不厌其烦地给我们介绍衣服。今年流行粉色，粉色适合你的皮肤；这件衣服款式大方，适合你优雅的风度；韩版，可以遮掩你肚子上的赘肉，裙摆下的蕾丝，穿出了女人味儿；你看，这件衣服穿在你身上，让人眼前一亮，镜前的你娉娉袅袅，要多优雅有多优雅，价钱还不贵，580块；开业期间打八折，怎么样，要不我帮你包起来。

一直很少穿粉色的衣服，一是因为性格使然，生性喜欢休闲装，不喜欢淑女装，总觉得太正统。二是总觉粉色太亮，喜欢深颜色的衣服。家里的衣橱里，总是以灰、黑这些深色的颜色为主。三是以前一直以为，粉色是小女孩的主色，穿在身上，觉得太艳了，一直不屑于这类的粉色。谁知这个夏天，满大街全是粉色的衣服。不管是上衣还是连衣裙，抑或外套裙都是以粉色打底，这个夏天买衣服，让我不得不考虑粉色了。

“买了吧！这件不错，很适合你。”好友说。

镜前的我，仪态万方、优雅成熟，平添了几分淑女的气质，令我怦然心动，突然觉得粉色衣服也没什么不好，衬托皮肤，还让自己变得年轻、靓丽，何乐而不为呢，当即付银子买下。

接着我和女友又逛了几家服装店，来到美姿服装店。大老远，店主就向我打招呼，因为是老主顾了。店主一见我就喜笑颜开：快来，我新进了韩版服饰，款式独特，时髦得很。

相中一件还是粉色的，随意松散的造型，朴素的花边略带一些东方禅意的味道。穿在身上，若隐若现的女性美似乎是以一种优雅的方式展现，含蓄内敛。对于粉色，我好像是一见钟情，不由自主地爱上了。

一口气买了三件粉色的衣服，有上衣，有裙子。总之，这个夏天，我要与粉色为伴了。

# 青葱岁月

十六岁那年，我读初中二年级。那个不痛不痒的春节，在深圳工作的哥哥买回了一条红得刺眼的踩脚裤送给我，还说深圳像我这样的女孩子都穿这样的踩脚裤，挺时髦的。那是二十世纪九十年代初，在我们乡下，孩子们都是一直穿着灰灰蓝蓝的裤子，连牛仔裤都很少有人穿，哪有这样时髦的大红大绿的裤子啊，何况是这样一条穿在身上凸出曲线美的红裤子，一拿到手我就迫不及待地拿到房间里试穿，穿到身上往穿衣镜前一站，我眼前顿时一亮，镜前的我，光彩照人，大红的踩脚裤，衬托我婷婷玉立的身材，白净的皮肤。我突然发现，其实我长得很漂亮。似乎是丑小鸭一下子变成白天鹅了。那天晚上，我激动得连晚饭也没吃，穿着那条鲜红的踩脚裤又蹦又跳，在全家人面前快乐得像只叽叽喳喳的小鸟，一遍又一遍地问妈妈、弟弟，我穿着这裤子是不是变漂亮了，变得更加青春靓丽了。直到他们被我问烦了，说我激动得昏了头。那天晚上，我有生以来第一次失眠，躺在床上，不时用手摸一摸踩脚裤，真害怕它飞了。想着明天穿上踩脚裤，同班的女同学流露出惊羡的眼神，黑暗里我一个人偷偷地发笑。

第二天，我穿着当时比较流行的红格子夹克，那是在县城工作的姐姐给我买的。在当时的乡下，也是非常时髦的款式。配上那条大红的踩脚裤，一身鲜艳得像一团火，远远地就会让人眼前一亮。我将头发梳成一个马尾巴，别着一个漂亮的发夹。整个人看起来特别的精神，像一株婷婷玉立的荷花，光彩照人。兴致勃勃来到了学校，刚进校园，就吸引了校园里所有男生女生的眼球，大家的目光都对准了我，瞬间我就成了焦点。一天时间里，校园里茶余饭后，最热门的谈论话题就是我。男生们的话语里带着欣赏，女生们的言语里却带着怨怼，而那些女生，目光里大多是又羡又妒。我故意昂首阔步，笑意盈盈，像一只红蝴蝶，在校园里来回穿梭，让大家目光围着我转。那一天，我出尽了风头，连平时班上学习最好家境最好的“白雪公主”，也讨好地围着我转。

那天，一向在学校里貌不出众、学习也不出众、一个普通得无话可说的人，走在大街上的时候，任何人都不会回头多看我一眼的丑小鸭，终于风风光光地露了一回脸，虽然许多年以后，每每回忆起那次的“风光”，感觉就像是《皇帝的新装》里的傻瓜皇帝一样，可在那个岁月，一个平凡女孩子为了引人注目所动的小小心思，那个悸动的年龄，就像一朵花开的声音，周身散发着明亮的色彩。这样的明亮，让人不得不侧目，不得不另眼相看，没有办法拒绝。

十六岁那一年，那条鲜红的踩脚裤，给了我追求梦想的勇气和自信。

# 今年流行十字绣

今年流行十字绣，走在大街上，似乎一夜之间，就开了十余家十字绣专卖店，和朋友逛街，大部分店里的女主人，都会抱着一幅十字绣，专心致志地绣着。她们绣的图案，有山水、人物、动物、植物，五花八门，各有千秋。

是不是女人，天生都爱女红。

电视剧里，古代的那些女子，发生男女私情，总是从刺绣开始的。官宦人家的小姐，邂逅进京赶考的穷书生，一见钟情，就会为书生，送上一个自己亲手绣的荷包或者手帕作为定情信物。

古代女子，夸奖其聪明伶俐，心灵手巧，总会说此女女红做得好。你看她绣得鸳鸯枕头，就跟活的一样，媒人上门说媒，也会把女子的女红作为炫耀的资本。

记得小时候，和我同龄的女子，都会从家里拿个旧毛衣拆成的线团，用刀子把筷子削成竹签样，没事的时候织手套，织毛衣。她们自幼受家人教导，女儿家，一定要学做女红。母亲还常常告诫我，多学学女红，长大嫁到婆家，就不会受人家刁难。我不喜欢女红，从小就不喜欢，对于针线活，缝缝补补之类的事，我一概不通。出嫁之前，我从来就没拿过针。每每看到同龄的女孩拿着线团，一针一线地织毛衣，我不屑一顾。而我，最爱做的事，就是坐在太阳底下看书。

嫁到夫家，洞房花烛，夫说，有一床新被子需要我缝。惭愧，我从小到大连个扣子都没缝过，怎么缝被子。夫说，这可是当地风俗，第二天要把被子拿出来示人的，考考新娘的女红，我无言。无奈，新婚之夜，夫拿出针，大针小线地把一床被子缝成了。

前天，去同学家参观新居，女主人的床头放着一幅未完成的十字绣。夫揶揄：“我妇何曾事女红？”我知道他在取笑我呢，娶妻如此他只能将就了。

平常有大段的闲暇可以享用，但从不曾为他缝一个扣子，为女儿织过一件毛衣。平常我喜欢读书写诗做文章，倒不是为了名利，只是因为喜欢。夜凉如水，我倚着一帘月色，展开半卷诗书。唐诗，宋词，小说，散文，现代的，古典的，家里的床上，到处堆的都是书，置身书海，生命一天天在书香的濡染中，会变得愈加醇厚香甜。

我独爱书，不爱女红，读书的女人不怕老。读书的女人，她们身上散发出来的，是深沉智慧的光芒，是一种发自灵魂的香味，那如兰的一缕芬芳，会芳香她整个人生。

枕着书香而眠，此生，有书相伴，生活充满了诗情画意，人生如此，夫复何求？

# 零食

女儿坐在客厅里看电视，面前堆放着一大包零食，一边吃着一边时不时地塞几片在我嘴里。女儿说，这么多好吃的零食里我最爱薯片。我说，薯片是膨化食品不宜多吃，吃多了对健康不好。女儿一副不以为然的样子，依然咯吱咯吱吃着。女儿突然问我，妈妈，你最爱吃什么零食？被女儿这一问，我顿时愣住了。

我爱吃什么零食？当年还是花季少女的时候，我也像现在的女儿一样，薯片、虾条、爆米花、臭豆干、鸭脖子等各种口味的零食我都爱吃。曾经，我也是一个幸福的吃货。

女人天生就爱吃零食。弗洛伊德说过，人都有吮吸的欲望，男人表现为抽烟，女人就不停地吃零食。恋爱中的女人吃零食，也不担心对方觉得嘴馋。和先生刚认识的时候正是冬天，晚上我们逛马路，突然闻到了一阵烤红薯的香味，我随口说了声真香呀。先生立即跑过去，买了两只烤红薯，还小心翼翼剥了皮送到我手里。吃着香香甜甜的烤红薯，两颗原本疏离的心越靠越近，我们的爱情，因为一个烤红薯，一下子变得暖意融融，情意绵绵了。

后来，我甚至觉得，我们的爱情，就是始于烤红薯。那天晚上，两个人专情地吃着烤红薯，又因为烤红薯延伸了话题。我们都是农村长大的孩子，家庭背景相似，有很多共同话题，聊着聊着，感情就慢慢升温了。我戏谑地说，我们可以注册爱情商标了，烤红薯是我们两个人的恋爱商标。

女人天生爱吃零食，看到路边有家零食小店，打出的广告：“没有零食的爱情，只能爱你在心口难开；当零食出现在嘴边，它的滋味立马变得香甜”。

是什么时候不吃这些路边的小零食了，是生了女儿以后。看电视上、报纸杂志上报道，吃零食对身体不好，路边摊不安全，严重危害健康。为了给女儿树立一个良好的榜样，那些膨化食品、垃圾食品就几乎和我无缘了。有时候经过路边摊，看那些女孩吃着一串串油炸茄子、油炸面筋、油炸小豆饼吃得有滋有味，看着她们一串串捋着肉串，无所顾忌地大快朵颐，心里很是羡慕。年轻真好，我已经过了吃零食的年龄了。

自从有了女儿，曾经那个爱吃零食的女孩，一下子变成了家庭妇女。买菜、做饭的时候，都要考虑哪种食品最健康，对零食似乎也失去了兴趣。现在上超市都是想着女儿爱吃什么，家里大包小包的零食，都是女儿爱吃的。明知薯片是膨化食品，吃多了不利健康，先生不止一次地提醒我，让我少买这些零食，可看着女儿兴高采烈吃着薯片，我还是每次都偷偷买几袋，满足她小小的味蕾。

现在的我，为了家人的健康，也为了自己保持身材，我已经很少像少女一样敞开肚皮想吃什么就吃什么了，零食对我来说已经很奢侈了。对零食的痴迷和投入，是十八九岁女孩子的专利，她们可以肆无忌惮地在街头任性挥洒吃的愿望和美丽。而比她们大一点走进职场，穿着职业套装，被称之为白领的女子，在哪里吃东西？在办公室吗？那种想吃零食又没办法尽情享受的滋味，只有职场打拼的女孩才有深刻体会。

在爱吃零食的年龄，吃也是一种快乐，一种享受。走在大街上，每每看到女孩吃着零食，旁若无人尽情享受美味，看她的表情吃得一定很舒畅，好像天下大事莫过于此。也有结伴而行边吃边聊的……总之没有羞涩、没有虚伪，真情坦露、明丽天然，女孩个性跃然街头。青春本就是一道风景，爱吃本就是女孩子的天性。看着她们享受美食，也是一道亮丽的风景线。

# 给自己一段柔软的时光

春日的一个下午，我因参加同事孩子的婚礼而有了半天假期。从坚硬的生活中获得这么柔软的一段时光，足够让我欢喜，呼吸着郊外新鲜的空气，令我心情格外舒畅。

午后两点，阳光很烈，但是不带杀气，车子在公路上飞驰，很快驶进了沂河大桥。桥的左边是沂河淌，这个季节，沂河淌是干涸的，不远处，沂河里三三两两停靠着几艘驳壳船。河岸静悄悄的，男人女人都闲着。船上的桅杆，扯出一根绳子，晾晒着大大小小的衣裳，花花绿绿的，一看就是过日子的人家，有着岁月静好的安稳。

女人在船上忙里忙外地拾掇家务，男人四十开外，微胖，个子中等，躺在船舷边躺椅上，边喝茶边看河里的水，正缓缓地流向远方。与那些灰头土脸的渔民不同，他干净整洁，有一些与众不同。

我认识他们，他们是外地人，船常常停靠在这段沂河里。有一次，我来他们船上买鱼，我与女人聊天，女人说男人喜欢水，他喜欢在水上生活，喜欢钓鱼，喝茶，还喜欢吹笛子，他喜欢这样悠闲地生活。他说船就是他心灵的港湾，躺在船上，任船在水上四处漂泊，让时光缓缓流淌，这就是他想要的生活。

我惊叹于他的闲情雅致，难得在这个浮躁的社会，能保持一颗本心，过自己想要的生活。

我有一个朋友在工厂上班，白天的工作环境嘈杂而纷乱，她的工作就是车间里的流水线，一天工作在十个小时左右，每次下班回家都是蓬头垢面、疲惫不堪。但每次下班回家，她总要洗个澡，把自己打扮得漂漂亮亮地去菜场，精挑细选一些自己喜欢的菜，然后回到家里，打开音乐，边听着歌，边为自己做一顿丰盛菜肴，四菜一汤。尽管每盘菜份量不多，但这样也要浪费不少时间。我问她何必这么麻烦，自己一个人，随便吃点就行了。她说她最大的享受，就是听歌、做饭，每天在厨房里忙碌，这是一段属于自己的时光。这个时候，也是自己最幸福的时候。吃自己做的美食，这就是俗世里的幸福生活。

我认识一个文友，他长得高大魁梧，却有一颗柔软的心。他喜欢花，他家的阳台上，一年四季都是花团锦簇，姹紫嫣红。什么栀子花、水仙花、茉莉花、风信子、曼陀罗、紫罗兰，走进他家到处弥漫着花香，他每天下班，最快乐的事情，就是打理这些花儿。他说，每天面对这些花儿，所有的烦恼都会抛之脑后，心境澄明，心里没有一点杂念。坐在这里，什么也不想，就端着茶杯喝茶，让时光缓缓流淌。

我们在钢筋混凝土包围的城市久了，心灵也如荒草般枯燥，我们面对的生活喧嚣而嘈杂，找一段时光，让心灵飞翔，很多时候我们的身体在路上并不等于心灵在路上。我们更需要上路的，是心灵。能有一段属于自己心灵的时光，这便是幸福的。

# 俺想做小芳

俺是个码字的小女人，现在的90后非主流得知俺还码字，睁大一双大眼，像看外星人一样地看我。你老土啊你。算俺老土吧，俺没有别的嗜好，唯有在夜晚的时候坐在电脑前，写一些心情的文字，文字也是一种释放。现在这个社会，谁还会有心情摆弄文字，大家都忙着去挣钱。写字，大多是不会挣钱，只能靠文字谋生，诸如我之类没本事的人搞的玩意。或者，就是小资女人，衣食无忧，不再为钱奔波，坐在高高的写字楼，出入高档宾馆，喝着咖啡，写着风花雪月的情事，有着小资女人的风雅。

骨子里从来没把自己写字当回事，其实俺和街上那些修理工、建筑工人的工作都没有两样，都是靠技术吃饭。当他们在烈日下挥汗如雨的时候，俺在电脑前为了一篇文字苦思冥想，同样付出汗水，透支的是心血。

这是一个人人都想成为贵族的时代，住豪宅、坐名车，还要美酒加咖啡。俺很俗，俺同样为了这个目标努力奋斗，可俺知道，仅靠文字谋生的俺想达到这个目标，简直比登天还难。遥不可及，不切实际。不可能实现的事情还是不去想了。俺突然觉得，人家拥有豪宅别墅，俺拥有一座围了篱笆墙筑成的小屋也不错。门前有一条清清的小河，河水潺潺而过，里面有小鱼快乐地游来游去。河旁边有片草地，草地上鸡鸭成群，有很高很挺拔的香樟，或者梧桐，上面有巢，能看见鸟在夕照里翩翩暮归。采菊东篱下，悠然见南山。这样的生活，也是一种时尚。

我的那些摆弄文字的女友，顶着五颜六色的头发，拎着LV，穿着名牌，品味时尚，喝着咖啡。周末开着法拉利，四处兜风，还美其名曰，采风。

而我梳着一根又粗又长的辫子，素面朝天，穿着大红大绿的衣服，一看就是村姑。小资女友们都叫我村姑，叫我村姑好了，本来就是乡村包围城市，小资们要笑就笑吧，俺就是小芳。

俺就是小芳，见了陌生人还脸红，见了大场面就怯场，我的那些文友取笑我，怎么还摆脱不了乡土气，俺就是小芳，没办法。

我喜欢一切美好的东西，包括纯粹，渴望能得一份纯粹的感情。在这灯红酒绿的喧嚣里，这种想法太过矫情，太奢侈。但心里有个美好的愿望，在世俗里从容地生活，这也是一种幸福。

# 我想做妖精

我想做妖精一样的女子，那样妖娆，那样动人，在夜色中熠熠生辉，很优雅地端起酒杯。我想做妖精那样的女子，那样的娇柔，那样的妩媚，聪明美丽，独立智慧，莲步轻移，摇曳生辉，就这样轻轻地在男人面前一晃，就刺亮了男人的双眼。我想做个妖精一样的女人，性感、美丽、聪明、独立……这样的女人，是女人中的精品。如果天使和妖精让男人选，我想大多数男人都会选择妖精吧。

妖精女人，这个说辞很多年前说起来绝对是非常贬义的。一个女人如果被人看成了妖精，那简直是到连小孩子都要吐她唾沫的地步。

忽如一夜春风来，“妖精”二字突然被赋予新的含义，简直成了魅力女人的象征。如今，很多时尚杂志教育女人如何做妖精，女人们对“妖精”开始蠢蠢欲动。妖精女人，可都是妖得成了精的女人，自然是要闭关修炼很多时间才可能大功告成。

女人都想红颜不老，青春永驻。而时间，对女人来说太残酷了。昨天还青翠欲滴，转眼间成明日黄花。年龄对女人来说，就像一夜秋风，所有的阳光所有的自信刹那间就没了。女人，最怕的就是时间。只要能让自己看上去年轻，看上去有一张年轻的脸，一掷千金也在所不惜。女人，为了留住青春，做出很多傻事。女人，谁不想拥有一张年轻妖娆美丽迷人的脸，让自己美丽如画去勾引男人，媚惑男人。骨子里，女人都想做妖精，做妖精就有了攻克男人的资本。做妖精的女人就会令男人趋之若鹜，就会有男人在你面前大献殷勤。说到底，女人都是有虚荣心的，都希望自己美丽妖娆，风情万种。

当然，女人做妖精也不全为了男人，大半为自己，小半为男人。女人天生是自恋的，为了当妖精可以用尽一切手段。别以为只是为了勾引男人，大多数女人是朵水仙花，临水照花人，想当妖精，是为了更加爱惜自己。

修炼成妖精女人，不易；做妖精女人，更是不易。妖精女人，真的是又妖又精的女人，是男人的毒药。

当然，做个妖精女人得有资本的。首先要有才情。才情不是装出来的，读书的女人，身上散发出来的气质，是大气从容的，有着成熟女人的内敛和光芒。那不是一般人能修炼出来的。想做妖精，就得修炼自己的才情。读书，听音乐，偶尔写点文字，有自己的朋友圈子，会煮咖啡，会品红酒，寂寞的时候，让文字来取暖。这样的女人，一定是个有着丰富内涵的女人。

其次妖精还得心灵手巧。她们不一定擅长琴棋书画，却很懂化妆之道，当然最好是会自己动手。就像张爱玲那样的才女，自己的衣服，都是自己做的。同样的一件衣服，不同的人会穿出不同的效果，哪怕为自己做个装饰品，让自己看上去总是与众不同。妖精们都是在深山老林里修炼出来的，她们耐得住寂寞。不过她们也喜欢红尘的喧闹，常常是聚会场所的焦点人物。

妖精女人还得上得厅堂入得厨房。她们不一定是厨房里的高手，但她们会洗手做羹汤。天冷的时候，会为爱人煲一锅汤，会温暖爱人的胃。妖精女人都懂得，想抓住男人的心就得抓住男人的胃。

好多女人都觉得妖精不好，觉得是勾引男人的坏女人。可是，为了你爱的男人做个妖精，有什么不好？你只为一个男人做妖精。在爱情面前，做什么样的妖精都不过分。勾引男人没什么错啊，如果这个男人爱你，你也爱着他的话。

其实真正的妖精们都是爱惜自己的。因为她们太爱自己了，容不得别人来玷污。她们深知修道不易，又怎么肯轻易坏了自己的道行？对男人，她们总是纵使你有弱水三千，我也只取一瓢饮。要知道她们个个都是很爱自己的女人，有自己独立的个性，她们不需要依附任何人，更不需要为自己找一张长期饭票，她们只要属于自己的那份爱情，哪怕为了爱情空等一生。就像白素贞在西湖断桥上遇到许仙，顾不得自己是妖了，一切天翻地覆。她道，世上原来还有这样的姹紫嫣红。

一个男人不会因为美貌爱一个女人一辈子，却可以爱一个智慧有灵性的女人一辈子，这是千真万确的真理。我想当妖精，做个美丽智慧的女人。在男人面前，充满着女人的自信，忘记了年龄和光阴，直到有一天优雅地老去，还会有人，把我当成手心里的宝。

# 烟火里的小女人

久未联系的中专同学月打电话来，约我晚上到茶吧喝茶。我爽快地答应了。月和我读中专时同住一个宿舍，她住在我的上铺。那时候，我俩好得跟一个人似的，整天形影不离。月长得娇小玲珑，皮肤白皙、一张可爱的娃娃脸，很讨人喜欢。追求她的男生很多，那时我们最常干的事，就是躲在被窝里读情书，月的情书总是最多。那是二十世纪九十年代初，是诗歌流行的年代，我偷偷地写诗。每当看到月收到情诗，我心里就酸溜溜的。月总是那么地光芒四射，她是鲜花，而我，只能是一片绿叶。

毕业没到两年，月凭着美貌很快嫁了一个如意郎君。对方比月小三岁，长得高大帅气，家庭优越。婚礼上，月一脸的幸福甜蜜。月一嫁过去就辞了工作，在家专心相夫教子。

一晃七八年过去了，之间我们也见过两次面，只是匆匆忙忙。而我也结婚生子，专心经营着自己的小家，我们之间联系少了。意外接到她的电话，下了班，我来到“有意思”茶吧，茶吧里几乎是满座。和月找了个靠窗的位置坐下来。打量着月，几年不见，月明显地发福了，刚刚三十出头的女人，身材已经变型了。一条粉色的雪纺料裙子，使她身上的赘肉暴露无遗，皮肤不再像以前那样光洁，甚至还有了暗斑，人看上去很憔悴。要了一壶菊花茶，在烟雾袅袅的茶香中，我们叙说各自的生活。

月用羡慕口气对我说，你越来越漂亮了。气质优雅，有着知识女性的大气与成熟，与在学校时相比简直是脱胎换骨。我调侃说，谁愿意做一辈子绿叶，如今能留住青春的尾巴，俺也做一回红花。不像你嫁了个好老公，衣食无忧，专职在家带孩子，日子过得滋润而富足。我还要为生活而奔波。

月听了这话，一脸的满足。是的，月嫁了个能干的老公，她先生是项目经理，常年在外，相聚的日子极少。她的老公，给她在这个小城买了一套大房子，装修得奢侈豪华，一年半载地回来一次。其余的时间，都是月一个人在家带孩子。

孩子放假了，怎么不去跟你先生相聚。我问。月竟然笑着说，他不要我去！我一听，惊呆了。

我想月幸福么？他们的生活，总是聚少离多。难得孩子放暑假了，按理说一家人可以好好聚一聚，为何她先生不让她去呢？真想对月说，你应该小心你先生。可是我最终没有说出口。显然，月是信任她先生的，毫不担心。我又何必去摧毁月心中的那份信任，摧毁她的幸福。也许，于月而言，她所追求的幸福，就是丈夫给她丰盈的物质生活，在家照顾好孩子，闲时打打麻将，逛逛街，到美容院美美容做做护理。对女人来说，这就是幸福。女人能过上这样的日子，还要什么？月这种生活，是许多女人望尘莫及的。怔怔间，我微笑地看着月。这个富裕知足的女人，虽然与丈夫分隔两地，可生活很幸福，过着烟火日子，对自己容颜的改变，一点也不介意，甚至都不注意修饰打扮自己了。记得当年，在学校的时候，还是她教会我化妆的。如今，她不施粉黛，头发零乱，典型的居家过日子的小女人，但是她很满足，满足于相夫教子，满足于一日三餐。这样的生活，于月来说，也没有什么不好。

幸福的标准是什么？谁都没办法说得清。相比于月，我还在为生活打拼，还在为每个月的房贷发愁。可我的生活充实而丰盈，我有我自己的理想，我每天都在为自己的理想而不停地奋斗。没有两地分居之苦，我们一家三口，虽没有锦衣玉食，日子一样过得温馨甜蜜。月是幸福的，她是居家过日子的小女人。而我，也是幸福的。因为，我有我自己的追求。幸福与每个人而言，标准不一样。我和月，两个食人间烟火的小女人，幸福的生活，就是在一鼎一镬的凡俗里。

# 老公的价值

婚后没有多久，家里的电脑出现了问题。我正急得团团转时，老公下班回家了，三下两下，很快就搞定了。我很奇怪，他不是电脑专业怎么对电脑如此精通。他一脸自豪地说，没有几样看家本领，那我还怎么在这个家混？自此，家里的电灯泡坏了，水龙头漏水了，抽水马桶失灵了，大到电视机，小到修钢笔，都由老公一个人全包了。

嫁给老公前，我会切菜、炒菜、烧菜，烧的鱼全家都赞不绝口，红烧排骨家人更是百吃不厌。嫁给老公后，我对他说："我不会烧鱼。"怎么可能呢？他说记得几次上你家去，鱼都是你烧的，味道很好啊。不行，我烧得不好。从此，我做的鱼越来越难吃，不是成心的，就是越来越难吃了。最后，烧鱼的工作他就代劳了。

婚后，我嫌烧排骨麻烦，烧了几次都觉得味道不咋地。之后烧排骨的事就全归他了。婚前，我一个人在出租房子里，烧菜、做饭，一个人吃得津津有味。现在，如果他不在家，一个人根本无法做饭，不知道做什么饭好了。以前，买菜、洗衣、做饭样样都行，也算是出得厅堂下得厨房。现在，饭做得越来越不咋地了，家务事也是能躲就躲，因为有他代劳的缘故，已经使我在不知不觉中丧失了做家务的基本能力。

记得我的女友小雯，婚前曾是个相当前卫的女子，是个典型的白领。工作责任心极强，只几年工夫，就做了部门经理。只是生活中似乎不食人间烟火，曾经在我面前信誓旦旦地说，永不进厨房。她的新居里也有厨房，不过厨房里的厨具，都是簇亮簇亮的。她笑言，摆设而已。什么饭也不会做，男朋友却做得一手好菜。

婚后没有几年，却来了个天翻地覆，家里的饭菜几乎是她全包。某一日，去看她，却看到她正挽着袖，专心致志地在厨房里忙碌。脸上的表情，竟有一层雾一样的温柔。很幸福的模样，完完全全忘记了她曾发过的誓。后来才知，她的先生，喜欢喝八宝莲子羹。

想想结婚前，从上学到工作，一个人独立生活，也过了这么多年。怎么结婚了反而自理能力变差了？追根溯源，都是依赖心太强。结了婚就好像进了保险箱，家里大小事务，全由老公一个人出马，久而久之，连基本的生活我都无法自理了。看来老公的价值无法低估，他能培养一个人，也能毁了一个人。这辈子遇到老公，我算是认栽了。

# 话　费

周末上午，我正坐在电脑前敲字。嘟嘟嘟，手机提示来了短信，打开一看，上面显示："客户您好，你已成功充值一百元，您可以选择在移动营业厅充值，也可以选择在网上充值……"接到短信提示，我当时第一感觉就是我中奖了，真有天上掉馅饼的大好事情？可我纳闷，最近我没参加移动营业厅的抽奖活动，难道是他们内部搞的什么活动中奖了？我又一想，不对啊，即使是内部抽奖，最多给个纪念品什么的。记得有一次内部抽奖，我中奖了，也就给二十元的话费。这一百元话费，是不是太奢侈了？难道是谁充错了？对，一定是谁充话费的时候，不小心说错了号码。既然充错了，这个人发现的时候一定会在第一时间联系我，到时候我再帮他充一百元不就得了。这样想着，我又回到了自己的码字状态，沉浸在自己的创作中。

一个上午的时间过去了，还没有人和我联系。我百思不得其解，到底是谁为我充这一百元话费呢？老公不会，我没叫他充值他是不会为我充的，何况我的手机里还有几十元的话费。那还能是谁呢？我这个人，平常业务不多，上班的时候单位上的事情用单位的电话，和朋友聊天大多数的时候都是发短信。还有几个亲密的人都加了集团号，一百元话费能用两个月呢。

正当我纳闷的时候，一条短信提示，是一个平时关系比较近的文友发来的，他告诉我话费是他充的。原来还是在三个月前，他们单位要写几篇演讲稿，内容要求不能重复，他已经写了两篇，让我帮他写一篇。作为朋友，这点小事，我理所当然为他帮忙。何况我们之间的关系，根本用不着讲究。那天，我花了两个小时，帮他写了一篇演讲稿。说实在话，我写的演讲稿并不怎么样，只是为了应付朋友的差事，没有用心。发给朋友的时候，朋友又大刀阔斧，把这篇演讲稿改得面目全非，我当时很惭愧。朋友承诺，什么时候请你吃饭。我笑着说好啊，其实和朋友之间，是很熟悉的那种，根本用不着客套。

事情过去三个多月了，没想到他竟然念念不忘，他知道为这点小事请我吃饭，我一定不会答应的，何况平常一到周末，他就会请我们几个文友聚聚。朋友家境不是很好，家庭收入开支主要来源于稿费。他写字很辛苦，因为爱好文字，圈子里的人，会经常在一起小聚。朋友收入不高，但平常的文友小聚，大多数的情况下都是他买单。他常说，大家在一起就是缘分，讲究那么多干吗？

因为写字这么多年，有不少家单位请我帮忙，单位的事情找到我，该付的稿费我从来没有客气。写字的人，知道写字人的辛苦，那是我劳动所得，不是钱多少的问题，是尊重我的劳动成果。至于亲戚、朋友找我帮忙，只要我能帮上的，我也从不推辞。既然找到我，那关系肯定不一般，帮这点小忙，就没有必要讲究那么多了。

是的，我们都不是有钱人，都在为生活奔波。朋友有朋友的辛苦，我有我的难处，我们都不容易。但朋友这样做，真是不应该，朋友就是朋友，有必要分得那么清吗？朋友之间，处的是那种情谊。

“佛说，前世的五百次回眸，才换来今生的擦肩而过”，我和你的相识，注定了我们今生的缘分，这辈子相知相惜，志趣相投，一路上与你同行，我已经很知足了，就让我们珍惜这份难得的情谊吧。

# 岁月的刀

在商场里看中了一款灰色毛呢背带裙，银灰色的，是我喜欢的颜色，裙摆下面镶了一层黑色的蕾丝，看起来前卫时尚，我很是喜欢，当即毫不犹豫地买了下来。

拿回家后兴致勃勃地在镜子前试穿，我试穿了一遍又一遍。一件毛呢背带裙，里面搭配驼色的高领羊毛衫，按理说这样的搭配既大方又得体。可是我穿在身上，总觉得哪里有点不对劲。女儿放学回到家，看我穿着新买的毛呢背带裙，戏谑地说，都什么年纪了，还穿着背带裙，你以为你十八呢。一语惊醒梦中人，我说呢，怎么看怎么觉得别扭，原来已经不再是穿背带裙的年纪了。

亦很少穿修身的连衣裙了，尽管身材没有变型，但穿着修身的连衣裙，要配上高跟鞋，长筒袜子，走到哪里都要正襟危坐，不敢有丝毫的放松，这样一天下来身心疲惫。我喜欢穿休闲一点的衣服，舒适、自在，不需要配高跟鞋，也不需要化精致的妆，怎么舒适怎么好，现在每次买鞋，都会买平跟鞋或者运动鞋，合脚舒适为主。曾经不是这样的，年轻的时候，青春飞扬，风华正茂，爱热闹，爱往人群里钻。高跟鞋一双又一双，走到哪里高跟鞋一路笃笃地响，甚是招摇。曾经是学校文学社的发烧友，一大群所谓的文学青年，捧着海子的诗一遍一遍地颂读：

从明天起，做一个幸福的人，喂马、劈柴、周游世界
从明天起，关心粮食和蔬菜
我有一所房子、面朝大海，春暖花开……

在二十世纪九十年代初，是汪国真诗歌流行的时期。那时候因为喜欢诗歌，意气风发，踌躇满志，因为年轻，有大把的青春挥霍，走到哪里都是张扬的。我写着很多纯真纯情的诗歌，和爱好文学的一群人，喝酒、唱歌、郊游，心高气傲满怀希望去追逐梦想。如今，褪去了青春和激情，我更喜欢平底鞋的稳妥与内敛，收起了年轻时候的张扬与浮躁。一身布衣，平底鞋，安静踏实。

记得小时候，邻家有个女孩叫娟，和我同龄，和我同在一个学校就读，放学上学我们结伴同行。她的家境比我好，她的父亲在砂矿上工作，家里有我没见过的钙奶饼干、牛奶糖等各种零食，穿着运动鞋、拉链衫，都是很时髦的衣服，令我们这些小伙伴羡慕不已。有一次，娟穿着一双红皮鞋，那红艳艳的鞋，鲜艳夺目，穿在娟的脚上，娟跑起来像只蝴蝶，乡下的孩子哪里见过这样的鞋子。娟穿着红皮鞋跳绳、踢毽子，和我们一起跳皮筋。我是满眼的羡慕，每每看到娟穿着红皮鞋配上她那件漂亮的黄色拉链衫，从我家门口走过，我就觉得娟就像仙女一样漂亮。

我就缠着母亲，让母亲买一双给我，母亲答应了。每次乡下逢街，她都去找娟穿的红皮鞋，找了好几次都没有找到。我跑到村口的小路上眼巴巴地等着母亲赶街回来，买回我梦中的红皮鞋，一次次地失望。对母亲的埋怨，是真真切切的，恨自己没生在娟这样的家庭。后来还是没忍住，问娟这皮鞋是哪里买来的，娟骄傲地说是爸爸出差在上海买回来的。她这一说，我也彻底绝望了，上海那是什么地方，只有在电视上我们才看过，那是一座繁华的大城市。于是，我在心里暗暗发誓，将来一定要到上海，要买和娟一模一样的红皮鞋。参加工作后有机会到上海出差了，也买了一双红皮鞋，不过不是给我自己的，而是给我女儿买的。

也曾认真地恨过一个人，年轻的心，很容易受伤。一句话、一个眼神、一个不经意的动作，便能把心伤得千疮百孔。他是女生心目中的偶像，学习成绩好，人长得帅，过生日的时候，他请了班里的大部分女同学，偏偏没有我，心里立即怨恨起来。自此以后，再也不和他讲一句话，见到他头抬得高高的，望都不望他一眼。毕业了，对他心里还充满了恨。

那个时候，也以为能恨上一辈子的。多年过后，回忆起来，亦觉得好笑。同学聚会的时候，说起当年的事情，那么从容淡定，风轻云淡，就像说别人的糗事。时间能够改变很多东西，尤其是对人而言，岁月是把无情的刀。年轻的容颜不再，姣好的身材走样，过去的美好都已面目全非，留下的却是岁月悠悠，是一种洗尽铅华后的坦然与从容。

# 岁月静好

入冬以来，阳光出奇地好，照在身上暖洋洋的，碧空如洗，那水灵灵的蓝，澄清透明，似乎一不小心，把一瓶蓝墨水打翻在天空。

天气格外地暖，阳光从窗台外倾泻过来，倾泻在窗外那棵高大笔直的银杏树上。已经十二月了，树上的叶子早已枯黄，但竟还有大半都挂在枝头。那一片片金灿灿的叶子，在阳光照耀下，明晃晃的，鹅黄的，淡黄的，像童话里的金树，带着满枝的金色，坚强地在风中挺立。原来，一棵树，亦可这样的执着，这样的坚持和忍耐，在寒风中坚守。相比之下，有时候，人却少了这份坚韧。

凭窗而坐，享受这冬日温暖的阳光。阳台上那盆茶花开得正好，淡淡的香气，令人神清气爽，舒适惬意。这个冬天，有阳光照着，花是幸福的。有花开着，人是幸福的。

进入十二月，街上开始热闹起来。对面的商场，不时有鞭炮声传来，有新店开业的，有商场打折的，还有新人结婚的。到底是年终岁末，喜事不断，鞭炮声不绝于耳。阳光下，一张张洋溢着幸福的脸，让人的心，也跟着欢喜起来。

记得儿时在乡下，冬天最喜欢的事情，就是晒太阳。那时候的乡下，一到冬天就进入了农闲时节，家家户户没什么事情，闲下来大家就会聚在一起晒太阳。这时候，家乡的那些土墙，成了晒太阳最好的去处。乡下的太阳，无遮无拦的，晒在人身上，暖洋洋的，冒着热气。那时候的乡下物质生活很匮乏，没有空调取暖器，也没有什么娱乐节目，只有太阳是免费的，毫不吝啬普照大地。大家借着晒太阳的机会闲话家常，老人们谈谈收成，大妈大婶东家长西家短地唠嗑，姑娘小伙借着晒太阳的机会暗送秋波，眉目传情。那时的乡下，冬天，晒太阳是一段美妙的快乐时光。

这个冬天，太阳一样可着劲地好。这是午时，阳光正好。临街的对面，见一修鞋的师傅在阳光下睡得很香。他半斜着身子，头倚靠在墙上，阳光从他的正前方洒过来，铺了他一头一身。他大概是修鞋修累了，抑或是，这会儿没有客人光顾，而太阳是这么地好，他想好好享受一下阳光。于是他对着阳光睡着了。在阳光下，他沉睡的样子，像个毫不设防的婴儿。或许他也有他的辛苦，他的无奈。可这时，他把自己完全交给了阳光。他安睡在阳光里，放松，安详。这时阳光温暖得像一朵朵花，抚摸着每一个路人。或许，生活中，我们每个人生活都会有困苦，阴霾。但生活需要阳光，就如此刻，我们在明媚的阳光下，再寒冷的心，都会温暖起来。

# 忽然流泪

一直不是个坚强的人，外表的坚强恰恰是为了掩饰内心的脆弱，昨天接女友打来的电话，电话里她语气平静地说，我离婚了。她说得那样漫不经心，而我一下子揪心地疼了起来，我了解她的苦，此时此刻，她多想有个人在她的身边，陪她，安慰她。忽然有泪盈盈地流出，本就不是一个坚强的人，因为懂得，所以心疼。

女友是我最要好的一个朋友，也是一个要强的人。婚姻十来年，一直磕磕绊绊的，特别是刚结婚那阵子，公婆嫌弃她没有工作，没事就挑拨他们夫妻俩打仗。女友不堪忍受，怀孕三个月便离家出走，孤身一个人来到上海的一家美容院学习美容，住在简陋的地下室。每天只吃方便面，可想而知，一个怀孕女人，如果不是逼到绝境，怎么可能拖着笨重的身体，每天住在阴冷的地下室，吃着没有营养的方便面，一个人孤独地漂泊在异乡。每每提起那段艰难的岁月，女友忍不住潸然泪下。直到怀孕八个月，女友才学成归来。孩子生下来就缺乏营养，体弱多病，每天往返于家和医院，丈夫偶尔不忙的时候搭个手。婆婆和她同住在一个屋檐下，从来手都不伸一下。女友说，想想都心寒呢。

那几年，她是熬出来的。后来，孩子大了，她利用在上海学习的一手美容技术，在小城开了一家美容院。起初，她一个人白手起家，什么事情都她一个人。老公在一所乡下小学做老师，她一个人在县城孤军奋战。经过几年的努力，她终于闯出了自己的一片天。后来她的生意越做越大，熬了十几年，日子刚刚才好过，突然一下要离婚了。她说，这么多年来，从来就是一个人的感觉，没有谁可以依靠，有时候，真想找个肩膀靠一靠。女友说这话的时候痛哭流涕。是啊，女友笑傲商场叱咤风云，能有今天，全是她一个人打拼的结果。她没有依靠任何人，他们的婚姻，一开始就注定是个悲剧。女友是个传统的女人，她一直忍辱负重，努力想把这段婚姻维持下去，最终，还是走到了尽头。

女友说，我想开了，我不想过得那么累。想一个人轻松地生活。她把房子留给了那个人，争取到了儿子的抚养权。女友说，她现在什么也不想，只想一个人平静地生活，她最大的愿望，就是把儿子培养成人，儿子是她的唯一依靠。女友说，这么多年，我都为别人而活。现在，我终于做回真正的自己，过一种自己想要的生活。

是啊，从一段不幸的婚姻里走出，未尝不是好事，我在心底祝福女友，祝福她以后的生活，能更加阳光，灿烂。

# 男人的酒

父亲退休前是一所乡镇中学的校长，一介文人，书教得好，字写得漂亮，年轻时学校里的墙体字、黑板报都是他写的，他是当年乡里著名的“才子”。唯一的缺点就是不会喝酒，最多两杯酒，两杯酒下肚，父亲就脸红脖子粗的，平时不怎么爱说话的父亲，喝了两杯酒，话就多了起来，从古今中外文学名著，谈到中国的现代史、近代史。父亲喜欢看书，知识面广，说起来头头是道，令学校师生都十分钦佩。

父亲不喝酒，要喝就喝洋河大曲。他说洋河酒是绵香型，清香纯正，醇甜柔和，用他的话说就是不“冲”，高兴的时候他能喝上好几杯呢。父亲不爱喝酒，但他热情好客。因此母亲总会在家里留几瓶洋河大曲，以备来客时招待客人。那时洋河大曲也不贵，但在一般人家，却是难得问津的奢侈品了。而在我们家，桌子上一年到头都放几瓶洋河大曲，因为舅舅在洋河酒厂上班，每次来我们家，他都要带几瓶过来。父亲又不好酒，所以越聚越多。记得有一次，家中的堂叔到我们家串门，看到我们家桌子上、箱子里到处都是洋河大曲，令他垂涎欲滴。便和村子里几个长辈约好到我们家讨酒喝，父亲二话不说，让母亲做了几个菜，无非是花生米、咸鸭蛋、猪头肉等之类的一些常见的下酒小菜。那一晚，村里几个长辈喝得很尽兴，家里一箱洋河大曲很快见底了，没够，母亲又到村头的小卖店买了二斤老白干。那一晚，父亲也喝得酩酊大醉。后来，村里人提到他，都说父亲热心仗义。

先生是个好酒之人，念大学就是学酿酒专业。和先生认识的时候，第一次带他回家见丈母娘，先生执意要买一箱洋河“海之蓝”，我说父亲不好酒，不让他买，他就是不听。他说新姑爷第一次上门，不买酒怎么能行呢。喝不喝是他事，买不买那是我的心意。

当父亲第一次见到洋河蓝色经典时，十分惊讶，没想到酒包装得如此精致，蓝是那种大海的蓝，是一种大气的蓝，是一种纯净的蓝，是一种透明的蓝，蓝得那么惊心动魄，蓝得那样令人感到心旷神怡。外包装透着典雅和气派，蓝色的酒瓶晶莹、透亮。父亲说，就看这包装，就知道这酒是好酒，一个企业，能如此精心做自己的文化品牌，在产品的包装上下功夫，酒的品质一定也是过硬的。父亲当了一辈子语文教师，喜欢咬文嚼字，他说，蓝色是大海的颜色，海阔天空，蓝色，也是洋河酒主打文化的品质吧。是啊，我说世界上最宽广的是海，比海更高远的是天空，比天空更博大的是男人的情怀。这就是洋河蓝色经典的宣传语。父亲笑着说，有意思，那今天咱们就尝尝这男人的酒。

先生和父亲第一次见面，两人很是投缘，推杯换盏，你一杯我一杯的，两个大男人，大声地说着话，谈论古今中外，历史名著。先生虽然大学读的是理科，但他特别喜欢历史、哲学，谈起来头头是道。父亲很是高兴，两人就这么一边说着，一边喝着，说着历史，讨论着哲学，一瓶酒很快见底了，又开了一瓶。那天晚上，父亲第一次喝了有半斤酒，不知是因为高兴，还是洋河酒的品质太好。总之，父亲没有醉。他和先生一见如故，就好像上辈子就认识一样，每每想起当时的场景，就觉得很是温暖。

随着生活条件越来越好，各种各样的好酒五花八门，品种繁多，但我每次回娘家，总记着给父亲带几瓶洋河酒。父亲随着年龄增长，酒量竟然也在增长，现在高兴的时候，也能喝上二两或半斤的，但他只喝洋河酒，他说洋河酒甘甜绵柔，不冲，喝起来口感好，不上头。

父亲退休后还一直喜欢看书写字，如今又多了个爱好，每晚喝两杯小酒，而且最爱和先生喝酒。如今，每当父亲想喝酒了，就打电话给我说，闺女，俺想外孙了，什么时候回家啊。我就知道父亲想喝酒了，先生一听是父亲的电话，自然十分高兴。平常在家对他喝酒我是严格控制，怕他喝酒喝高了误事，而和父亲喝酒，有父亲为他撑腰，他可以无所顾忌，开怀痛饮。先生常常感慨地说，我这辈子最大的幸福，就是找到了一个志趣相投的老岳父，不是父子，胜似父子啊。

# 古泊河散记

朋友说，古泊河就像一根绳子，会勒住一个人的记忆。其实，在没见到这条河流之前我不敢相信，在没有离开这条河流之前我也不会相信。

古泊河是一条贯穿西东的河流，她源自新沂河以北，流向灌云盐河口，然后入海。而我们沭阳县境内她流经 8 个乡镇场，全长 32.1 公里。

就在上个周末，我们一行十来人，驱车来到她的身旁。这是一个难得的好天气，空气清新，阳光明媚。雪后的小城，经过一场雪水的净化，显得异常清新，行走在乡间小路，空气中没有一丝尘埃，天空湛蓝，公路两旁是一片绿油油的麦子，经过一场雪水的润泽，显得特别得精神，仿佛置身在旷世般的乡间田野，无一丝喧嚣，悠闲而静谧。

冬日的古泊河，安静而内敛，似朴素的农家女子，不施粉黛依然清纯脱俗，她的身边长满了蒲苇以及各种水草。没有繁花绿草的映衬，却有着一份若隐若现的神秘，显示了她的成熟睿智与宠辱不惊。让我更加迫不及待地想去亲近她，了解她，抚摸她。古泊河是纯朴的，她平实、淳厚，大多数时间是安静的，像一个低眉顺眼的女子，不喜张扬，从容自然。同行的仲所长说，她偶尔也有发怒的时候，愤怒起来，就像一头暴怒的狮子，河水滔滔，奔涌而下，冲毁堤坝，就连两岸的庄稼，都会淹没在一片汪洋之中。我想，一条河，也有她的灵性，就像生活中，每一个人，都有自己的个性，大多数的时候都是隐忍的，当忍耐到了一定限度的时候，就会爆发。

冬日的古泊河，没有春光潋滟鸟语花香，没有碧波荡漾湖光春色，河面上笼罩着一层薄雾，雾中的古泊河，显得更加神秘幽静。这里的一切都是安静的，这里的草是静谧的，这里的鱼虾都进入了冬眠状态，这里的一切都是原生态的。就这么静静的一条小河，在冬日的阳光照射下，非但不苍然，反倒让人强烈地感到一种无际，一种安然和纯粹。河床的左岸和右岸，既没有萋萋芳草下的先祖坟茔，也没有钟声悠远的庙宇道观。在古泊河，执意去追溯什么流域，什么远古文明，大概会被嗤笑。就像一个徒走在山林的粗莽猎人谈论杜甫、白居易，会被人嘲讽附庸风雅。她只是一条纯天然的河流，它岸边的朴、静、淳，就是展示给我们的文化。

乘车绕河而行，河的两岸，显得分外的宁静，雪后空气清新和着泥土气息，那是钢筋混凝土林立的城市没有的味道。一望无垠的河面，令人视野开阔，停车小伫，虽然河水灰灰蒙一片，一眼望去，古旧的船，灰黑的水草，整条河的底色都是灰蒙蒙的，只有远处水面上游着一群鸭子，那些白色或灰色的生灵，点缀着这个宁静的河水，让这条河，显得神秘而灵气。

一池秋荷见老，两岸蒲苇苍茫。河中两三点小舟，姿态妙绝，天空是碧蓝碧蓝的，冬日的阳光，一样地灿烂，一样地熠熠生辉。我想四时的古泊河，风情应该各不相同。春时妩媚，夏日明艳，秋日丰盈，冬日的古泊河，是多了一些婉约，翠华缥缈空冥间，有些梦幻的色彩。

在这里，我们只要放松，只要用心感受着它的不同，它的原生态景色，让我们浮躁的心，归于平静。这里，没有城市里的喧嚣与繁华，没有电脑前的忙碌与紧张；这里，有着两只野鸭的爱情，有着两棵水草的相依，有着两棵树的站立，它们的思想，它们的生命，与这条河紧紧相连；这里，河的两岸，有着靠捕鱼为生的渔民，他们日出而作，日落而息，这样的季节，他们坐在草垛旁，一边唠着家常，一边悠闲地晒太阳。谁说身边没有风景？这里的芦苇、小草，都成了我们眼里的风景。它们是没有经过修饰的生物，无不透出原始的安宁与美感。这里的一切，城市是没有的。

站在桥上，遥望古泊河水静静地流淌，此时此刻，心中清凉明净，就像这古泊河的水，清彻见底，人是随环境变化而变化的，保持一颗纯净的心，是最重要的。

想象着夏日的古泊河，或波澜不兴，或湍急奔涌。是的，来年春暖，涓涓河水已定时顺着河床，蜿蜒着流向远方。我一直在想，邂逅古泊河，实在是我生命中早就注定了的缘分。

就在我们回来的时候，我突然看见一个老农牵着一头牛走在古泊河的边上，这让我想起，其实人也是世间的生灵，总被一种无形的绳子给牵着。而我此时很想让司机把车开得慢点，好让我再回头看看静静的古泊河，确定她始终向着前方流淌，似乎那样我才能够放心。

# 第四辑　故乡情愫

# 草色乡村

乡村是离不开草地的，草地也离不开乡村。夏天的乡村是最美丽的，太阳照透了大地上万千生灵，春风吹绿了田野上的一切植物。草，成为乡村的主色调。屋檐下，小河边，池塘边，沟渠上，田间地头，处处生长着绿茵茵的草。这些细长、碧绿、洁净的草儿，散发着透明的绿色光晕。择一块青草地躺下，阳光泼洒而下，就像撒下了无数枚金币。每一根草在阳光的照耀下光芒四射，一片灿烂。躺在柔软的草地上，嗅着空气中新鲜清香的青草味。风儿拂过，头发上和鼻孔里都灌满了青草的香味。

几场春风春雨后，草儿就浓墨重彩地隆重登场了。小草是极具灵性的，是懂得感恩的。它们接受大自然的馈赠，滋润了几场春雨，在阳光的爱抚下都穿上了绿绸裙子，在风中摇曳多姿，风情万种，翩翩起舞。它们用尽全身的力气，绿得惊心动魄，绿得绚丽多彩，让绿成为春天、夏天，最璀璨、最明艳动人的色彩。

满山遍野的草像绿绒绒的地毯，绿得恣情率性，绿得淋漓酣畅，绿得浓情似酒。乡村的春天和夏天，都是满满当当的绿。那是一种有灵性的绿，一种每个毛孔都会出油的绿，一种率真纯净、肆无忌惮的绿，一种看一眼就会让人心旌摇荡的绿，一种整个生命都跃跃欲试地要从绿色中挣脱出来的绿。

小草的生命力极其顽强，无论是在荒凉贫瘠的土地上，还是在尘土弥漫的公路边上，甚至在石头缝里，高高的墙壁上，在悬崖峭壁上，也能生根发芽，茁壮地成长起来。花儿需要人们来栽培，呵护，而小草却截然不同，你随意撒下一棵种子，它就会努力向上生长着。任你怎么去践踏，都不会屈服，正所谓“野火烧不尽，春风吹又生”。小草这种顽强的生命力，难道不值得赞扬与褒奖吗？

我迷恋乡村的草地。童年，我的生活就是在草地上度过的。蓝天、白云，一望无垠的草地上，一群小伙伴，在草地上放着牛羊。草地是我们童年的乐园。我们在草地上放风筝，玩游戏，累了就躺在草地上美美地睡上一觉。灿烂的阳光，清新的空气，嗅着新鲜浓郁的青草味儿。那是饮了无数春雨晨露后的大自然的味道，是一种吸日月之精华，集天地之灵气，一种无法言状的芳馨，让我迷醉。

静坐草地上，双手深情地抚摸这些柔弱而又顽强的草儿我忘了语言，忘了时间，我置身在草丛中，围绕我的是碧绿、墨绿、翠绿、嫩绿的草儿，我亲吻着它们，那沁人心脾的清香便扑面而来。离开乡村已多年的我，常常梦到草地，梦到成群的牛羊在草地“上”悠闲自得地吃草。我躺在草地上幻想、做梦的情景，对青草的迷恋，也是对乡村的迷恋。能躺在青青草地上做梦，让我魂牵梦萦的地方，依然是故乡。

# 故乡的炊烟

第一次听《又见炊烟》这首歌曲时，就让我一下子想到了家，有炊烟的地方就有家，炊烟是故乡的一道风景，炊烟是故乡的灵魂，是母亲和故乡的象征。炊烟，永远是游子们魂牵梦萦的牵挂。

我常常想起老家土屋上空的缕缕炊烟。如云似雾，飘飘袅袅，它从乡村的一家家房屋处升起，飘逸，缭绕，或浓或淡；在屋顶上，在树梢上飘动，依依绕绕，经久不散。晚风吹拂的乡村，炊烟升起飘浮，扭着身子，旋着舞儿，在乡村上空缭绕。一缕缕乳白色的烟雾，不断变幻的身姿，让乡村平淡无奇的天空变得诗意盎然。

炊烟是属于乡村的，炊烟下站立的是祖母，是外婆，是母亲。炊烟是有味道的，炊烟的味道就是家的味道。

“山上层层桃李花，云间烟火是人家。”有烟火处有人烟，有人烟处有仁慈。难怪人们在迷路时总是朝有炊烟的地方去询问，因为那里有生命，有希望，有家。透过那冉冉升起的缕缕炊烟，我想起了童年欢乐的时光，想起了母亲在灶前添柴生火，瞬间一缕缕浓烟升上天空，很快就闻到了比海味山珍还要香甜的白米饭的气息。

我童年生活在乡村，很小的时候就帮着家里人烧火做饭。特别是麦收时节，也是农村最忙的季节，抢收抢种，大人们每天天不亮就要起床，都忙着到田里挥镰割麦，烧饭做饭的事情就自然落到了我的头上。记得第一次做饭，大概十一二岁，没经验，我把灶堂内的柴草塞得满满当当的，然后用手中的火柴在灶台旁慢慢点燃，一点燃起送至锅底。或许是因为锅底里的柴草太多，火点着了烧了几下就灭了，反复点燃了几次，只见锅底内浓烟滚滚，熏得我睁不开眼，眼泪直流，就是不见红彤彤的火苗。我心急火燎，试了好几次，终于点燃了柴草，火苗迅速在锅底燃烧，顷刻间锅底火光四起。随着木块儿的加入，锅底内柴草噼噼啪啪的声音不时传来。灶房内烟雾弥漫，一缕缕炊烟在屋顶上袅袅升起，忽高忽低，或浓或淡，在屋顶上、树梢上飘动。

童年的生活丰富多彩。那个时候，放学了也没有回家的概念。一群小伙伴们聚在一起玩游戏，常常在贪玩晚回的时候，远远地看到一家家房屋上空升起的缕缕炊烟。每每看到炊烟我便会想起母亲为我做饭的情景，此时，所有的疲惫也会荡然无存。回家后迎接我的是热腾腾的饭菜和母亲亲切的话语。

记忆中的童年，就是在这朴素的或浓或淡的炊烟中长大。在炊烟袅袅的乡村里，度过了最纯真而又最幸福的童年时光。缕缕炊烟缥缈在村子的上空，弥漫着农家人平静的生活和简单而遥远的岁月。日子就在这炊烟的起起落落中流水般地消逝，童年的故乡虽不富裕却是那般温暖，长大了，留在童年记忆中的炊烟也更加清晰。

念大学的时候，记得离家的那个早晨，已经走出很远了。当我依依不舍地回头张望时，虽然已看不清送行到村头的母亲的身影，却清晰地看见了村里飘飘缈缈的那一缕缕炊烟。

长大后留在城市结婚生子，回家已经越来越少了，只是在逢年过节的时候，才会像候鸟迁徙一样飞来飞去。每每回乡途中，随着村庄和一缕缕炊烟越来越近，我顿时有一种温暖踏实的感觉，心情也会变得越来越好。一踏进家门，母亲就会急急地拾柴生火，为我做饭。不一会儿，一缕缕炊烟就会从我家的屋顶升起来。尔后，喷香可口的饭菜便会盛上饭桌。故乡的炊烟里，写满了母爱的篇章，它载着我幸福的童年，停留在我的记忆深处。

多年来，故乡的炊烟以及浸润其中的那一份浓浓的亲情，一直丝丝缕缕地萦绕在我的心头，殷殷呼唤着我乳名的，村头站立在风中的白发母亲，以及从母亲那双勤劳的手中升起的炊烟，延伸成母爱般的常青藤，已经永远缠绕在了我的心头，让我今生再也挥之不去，与故乡的炊烟一同升起。

# 故乡的蛙鸣

许是出差在外的缘故，夜里迟迟不能入眠。已是午夜时分，小城早已褪去日间的喧嚣与浮躁，人们也都安定了下来，少有的宁静。寂静的夏夜，睡眼蒙眬之中，窗外传来一阵蛙鸣，这一片“呱呱呱”的欢叫声，犹如一曲久违的乡音，亲切自然，把我带回记忆深处的乡村。

故乡在一个苏北地区的小村，四周繁花似锦，绿树环绕，良田遍野，水草丰茂。我家门前有个池塘。夏夜，母亲喜欢在池塘旁边放张小竹床，饭后一家人都在池塘边乘凉。我躺在凉床上，这时妈妈摇着蒲扇为我驱逐蚊虫。夜色如水，望天上繁星点点，偶有流星划过，我便痴痴遐想着天上牛郎织女的生活。池塘两岸的玉米长势正好，在黝黝的夜里黑成一片无边的森林，直铺向暗夜遥远的深处。这时，一处蛙声响了，“呱呱呱”欢快激荡，一只青蛙率先打破了夜间的宁静，犹如一粒石子，投向一汪深潭，荡起了层层的涟漪。蛙，不论大小，只要有一声蛙鸣唱开了头，其他的就立即跟着响应起来。如同发出的号令一般，大家都争先恐后。不一会儿，成片成片的蛙鸣热烈地响亮起来了。

蛙鸣或高亢，或低扬；或清越，或嘹亮；或远澄，或近朗。这蛙鸣疏密错落有致，远近层次分明。在寂静的黑里，格外张扬，充溢着乡村的张力与风情。就如开演前静寂的戏场里突然敲了一记铜锣，明晰而又夸张，漫溢着生命的蛊惑。它们宛若是乡村歌手，尽情地为碧洁清澈的乡野歌唱，为肥沃富饶的土地歌唱，为勤劳淳朴的村民歌唱。

记忆中的童年，与蛙鸣是分不开的。

夏夜，常常在熟睡之中，被蛙鸣吵醒。我便悄悄起身，摸一块石头向着池塘最响的蛙鸣处扔去，扑通一声石头入水，河水中溅起的水花又唰的一声落下，那骤响的合奏便戛然而止，四周悄无声息，仿佛刚才的鸣唱根本就没发生过似的。从喧嚣转为静寂，让人一时反应不过来，恍若夜晚突然空洞了不少，冷清了不少。不用多久，哪里又传来“呱”的一声，另一只青蛙“呱呱”发出了试探的回应。这一前一后的几声蛙叫，大概是先前的蛙听到回应，便兴奋起来，在远处又“呱呱”地叫开了。在夜色中，只听见此声刚落，彼声又起，随即一呼百应，乱蛙齐鸣，涛声一样在黑夜里肆恣吟唱，声响绵延不绝，直把乡村的旷野当作了人生的舞台。

蛙鸣，陪伴了我整个童年。长大后，我离开了故乡，离开广袤的原野，离开那金灿灿的稻田，离开了蛙鸣。远离故土，在异乡的夏夜，孤独如影随形，挥之不去。每每想到故乡，不管远走多少年，蛙鸣，对每个出生在乡村的人，都是挥之不去的记忆。像童谣一般久远，一般温存，一般留恋，成为记忆酝酿的酒。

流年似水，故乡的蛙鸣且歌且行，渐行渐远，而故乡就是一粒心田上的种子，常常不经易间闯进了我的梦里。

今夜，伴着蛙鸣，久久不能入眠。床边的时间已指向了丑时，我还没有睡意。此时夜更深了，而窗外的蛙鸣也更欢了。突然想起辛稼轩的诗句“稻花香里说丰年，听取蛙声一片”。我想我的故乡，又该是桃李满树，牛羊追逐，玉米抽穗，合欢花开了吧？我想今夜的蛙声这么浓，今年的稻子一定会是个大丰收！

# 桃花朵朵

单位里的姑娘相邀周末去看桃花，自然是去了。我喜欢桃花，因为桃花总是沾着喜气儿的。喜欢桃花，看到桃花，就会想起《诗经》中的“桃之夭夭，灼灼其华。之子于归，宜其室家”。桃花烂漫，总是与爱情和幸福有关。

来到桃花岛，这里到处都是桃花。远远望去红霞旖旎，姑娘们欢呼雀跃，一个个迫不及待地跳下车，奔进桃花丛中。“哇，好美呀！”大家发出惊叹的赞美声。大家争相来到桃树下，手抚桃花摆出造型，手机不停咔嚓、咔嚓地拍摄。红彤彤的桃花映红了姑娘的脸，像桃花一样娇艳动人。大家一边拍着照，一边叽叽喳喳地像小鸟一样欢快地在桃花丛中奔跑。桃花灿烂，漫天飞舞，一朵两朵三朵，朵朵艳丽，轻舞飞扬，馥郁绕鼻，袅袅娜娜，香气袭人。

桃花的美，是勾人魂魄的。它开的时候是一树一树，是热热闹闹地开放，它开得浓墨重彩。桃花的盛开，是个极其灿烂的场面，“忽拉拉……”一朵挨着一朵，争先恐后的，像赶赴一场繁华的盛宴，开到绚丽极致。桃花浪漫，风情万种，看到桃花不由想起一首诗，“去年今日此门中，人面桃花相映红。人面不知何处去，桃花依旧笑春风。”多情的诗人崔护，先是看到了一树桃花，小桥流水，山间小屋，一树桃花在春风里兀自招摇。诗人路过停住了脚步，正自踟蹰着，忽见桃花从中，闪出一张水粉一样的脸，素面朝天，娇艳明媚，款款而来，婀娜多姿。四目相对，诗人的眼里，便有了千朵万朵的桃花漾；姑娘的眼里，同样汪着一整个春天。于是，两颗粉色的心，越贴越近。因为多了一个桃花作底色，这样的邂逅，三月的桃花，三月里的人，都铭刻在诗人的心里。从此，再难相忘，几年以后，再来寻，却不见当日的人，只有一树桃花。诗人空对桃花，惆怅暗叹。

年轻时，也曾有过这样的相遇。记得读大学时，学校附近有个桃园。春天一到，仿若云霞落下来，附近几个学校的学生都到桃园里看桃花，这里更是恋人们的天堂。我们一群女生嘻嘻哈哈地在桃园里玩耍，忽然一个转身，看到一个人，来到我身边，拿了一枝桃花，远远地递给我，并问我是哪个学校哪个班的。我瞬间紧张得脸色绯红，心跳加速，语无伦次，最终没有接过他送我的花，害羞地跑开了。只是这样的相遇，只适合在特定的环境里，后来再也没有下文，毕业后才听说，他是某师范院校著名的才子。

徐志摩说："一生至少该有一次，为了某个人而忘了自己，不求有结果，不求同行，不求曾经拥有，甚至不求你爱我，只求在我最美的年华里，遇到你。"是啊，我很感谢那次桃花丛中美丽的相遇，丰富了人生。每每回忆起来，依然暖暖的，甜甜的，有着桃花一样的清香。

# 老家的枣树

金秋时节，院子里的枣子熟了。乡下俚语说，七月枣，八月梨，九月柿子乱赶集。秋风吹过，枣子簌簌落满地。那红彤彤的枣子，一口咬下去，脆脆甜甜的，吃在嘴里，唇齿生香。

从我记事起，我家院子里就有一棵枣树，有碗口那么粗。无论是刮风下雨，还是霜雪满地，它就一年四季地站在庭院屋角的一个旮旯里，兀自悄然挺立。与桃树、杏树相比一点也不起眼，每当春夏之季，百花争艳的时候，枣树上开满了晶莹剔透细细碎碎的金黄色的小花，那些花儿隐隐约约闪烁在绿叶之中，米粒一样的小花蕾，花儿小巧娟秀、淡雅、玲珑，香气袭人，吸引了无数蜜蜂和不知名的小昆虫萦绕。儿时每到春天，老家院子里，到处是莺歌燕舞，鸟语花香，空气中弥漫着花粉的香味，睡熟的时候，常常被窗外的鸟叫声吵醒。

最令人难忘的，就是每年的农历七月份，枣就红了一圈，农谚云："七月十五枣红圈，八月十五晒半干"，中秋节之际，枣子成熟了。红的、青的枣子，一串串如玑似珠，晶莹剔透，如玛瑙般随绿叶在风儿下摇曳，令人馋涎欲滴。我会忍不住拿砖头扔上几下子，哗啦啦，枣子落了一地，捡起一把吃着，又脆又甜。那时候在乡下，家家都穷，孩子们哪会有水果吃，能吃上枣子就是美味了。

枣子成熟的季节，也是我最幸福的日子。每天最快乐的事情，就是在衣服口袋里装了满满的枣子，到小伙伴面前显摆，看着小伙伴们眼馋的样子，我会毫不吝啬抓一把给他们分享，那时候我常常拿枣子当饭吃，走到哪里兜里都装得满满的。枣子不大，但很甜，我们家这棵枣树是本土枣子，不是那外面的大木枣子，个大不好吃，嚼在嘴里木渣子一般。我们家的枣子是金丝枣，皮薄肉细，嚼在嘴里又脆又甜，吃了还想吃。

天气渐凉，树上的枣儿渐渐成熟，红通通的果实压弯了枝头，在绿叶映衬之下，红玛瑙般的红枣如玑似珠，玲珑可爱，晃眼馋人。等到树上的枣子完全成熟了，妈妈选了一个好日子，打枣子喽，一大早哥哥拿来一根长竹竿子，朝树上轻轻一敲，枣子夹着树叶顿时像雨点儿一样往下落，妈妈拿来了一个大筐子，周围的邻居纷纷过来帮忙，大家一个个争先恐后地在树下拣枣子，不时拣几颗最大最红的枣子放进嘴里。吃着皮薄核小、脆生生、甜滋滋的枣儿，那个美劲真是难以形容，好像过年难得吃上肉一样快乐。吃一会儿，再用力抱着枣枝使劲地摇晃，枣子噼里啪啦落得到处都是。大家有说有笑，边吃边打，有的干脆兜着敞开的上衣喊着、跑着接枣。

枣子打完了，满满的一大筐子枣子洗净了拿出来，枣子又红又大，上面还带着水晶般的水珠儿，散发着诱人的芳香。妈妈把枣子分成许多份，这家一包，那家一包，大伙儿围在枣树下愉快地吃着枣子，聊着天，那幸福的场景就像过年似的令人难忘。

枣子是一种绝佳营养品，有着“百果之王”的美誉。在民间流传着诸如此类枣的俚语：“一日三枣，长生不老”“五谷加红枣，胜过灵芝草”“一天一个枣，不用大夫找”等。

喜欢吃枣子，对枣树有一种特殊的感情。在那个物质匮乏的年代，枣子丰富了我童年的口袋，带给我甜蜜与快乐，至今回想起来，还散发着诱人的芳香！

# 柳哨声声

阳春三月，花红柳绿，周末与好友相约去乡下踏青。走到郊外，远远的听到“嘟嘟嘟”一声声柳哨清脆悦耳，寻着柳哨的声音，发现在小河边的柳树下，围着一群孩子，一个个正拿着柳枝做成的口哨，鼓着小嘴在大声地吹着，声音此起彼伏。目睹着这一切，一种亲切感顿时涌上心头，儿时的点点滴滴，童年的美好记忆，又浮现在我眼前。

我的童年是在乡下度过的。童年，最期待的季节就是春天。阳春三月，春风拂面，万物复苏，这时的乡下，走到哪里，哪里都是清亮亮的，绿油油的，沉睡的草醒了，沉睡的河流醒了，沉睡的花开了……柳是最先感知春天的。春风吹过，河边安睡一冬的柳条，开始醒过来，身上爬满米粒般的绿。只几天工夫，就万条垂下绿丝绦了。小时候，最喜欢用柳做成哨子，嘟嘟嘟，一声声柳哨，清脆婉转地在乡村天空飘荡，如春天的号角般鸣奏在乡间每一个角落，令人心情愉悦，精神振奋。

老家在苏北偏僻的农村，童年物质生活匮乏，没有可口的零食，没有像样的玩具，好在乡下的孩子，大自然就是我们的天堂。泥巴、树叶、土疙瘩、小石子、柳哨儿，都是我们童年最好的玩具。

初春，当柳枝一片嫩绿，就可以做柳哨了。柳哨，用柳树嫩枝的树皮拧成的哨子，这绝对是孩子们从大自然那里得来的绝佳赏赐。

柳哨的制作方法很简单，一把小刀，一截柳枝，便是全部的工具和材料。春天的柳树刚刚从冬眠中醒来，柳条儿细嫩柔软，柳条上的皮儿与里面的柳骨之间仿佛有一层滑膜，两手的拇指和食指捏着，向相反的方向稍稍用力一拧，柳皮儿与柳骨就分离开了，只要柳条上没有叉，柳皮就不会裂开，可以一直拧下去，甚至到10多厘米或更长，然后把柳骨折断，从稍粗的一头将活动了的柳骨慢慢抽出，形成一段空管。选取的柳枝不同，做出的柳哨吹出的声音自然有别。细的，短的，声音清脆明亮；粗的，长的，声音浑厚沉闷。做的柳哨儿长短粗细不同，吹出的声音就五花八门。那时候孩子们便三五成群，聚在一起吹柳哨，那一声声清脆、响亮、悠远的柳哨儿声，不仅吹开了欢乐的童趣，也激活了一个生机盎然的春天。

那时，整个春天，这样的游戏几乎每天都要做，时间长了，孩子们也有了经验，如果喜欢声音尖锐、响亮，如儿童的声音，就选择较细的枝条来做；如果喜欢声音低沉、婉约，像老人般浑厚的声音，就选择较粗的枝条来做。

柳哨或许是世界上最简单、最廉价的乐器，但是它的声音对于出生在二十世纪七八十年代的人来说却是最熟悉、最亲切、最难以忘怀的。柳哨，永远的乡音，吹响我童年最开心的乐章。

# 又是芒种

芒种是二十四个节气中第九个节气，也是预示着夏天来临的节气。“芒种无青棵”，芒种一到，大麦、小麦等有芒作物种子相继成熟，抢收十分急迫。大豆、玉米等大秋作物正值播种，又是播种的季节，所以称作“芒种”。

谚语“春争日，夏争时”，这“争时”即指这个时节的收种农忙。农谚“芒种忙种”说的就是这个道理。黄金铺地，老少弯腰。说的是到了芒种，农村就没有一个闲人，上到八十岁的老人，下到几岁的孩子都得到田里抢收抢种。站在田野上，扑入你视野的是大片大片金黄的麦子。骄阳下，农民们或挥汗如雨挥镰割麦，或面朝黄土背朝天抢播秋季作物，或赤脚在水田里栽插水稻。

记忆中的芒种，没有一点丰收的喜悦，只有一个字，累。那时候，每到这个节气，每天天不亮就要起床，抢收抢种。那时候我还小，父母挥镰割麦，我就拉着个筢子在后面搂麦穗。再大一点，也拿起了镰刀跟在父母后边，他们割五垄、我就割一垄，就是这样，还是跟不上趟。记得有一次天还没亮，田野里一片灰蒙蒙的，我被母亲喊醒起来去割麦。迷迷糊糊中，我随母亲来到地里，睡意还没消除，就拿着磨得锃亮的镰刀割麦，一刀下去，麦子没割到却割到食指，锋利的镰刀割到食指上，血直往外涌，食指就剩下一块皮连着，吓坏了的母亲当即送我到村里的医疗点。在村里的医疗点及时处理下，我的食指总算保住了，不过留下了深深的一道疤痕。从此以后因祸得福，母亲再也不让我下地割麦了，再也不用受那种烈日当头、汗流浃背的劳累和辛苦了。

“锄禾日当午，汗滴禾下土”的勤劳和辛苦，我是有着切身体会的。“芒种忙种”，是农民“连种带收、样样都忙”的忙碌和紧张，是一年中农事繁忙的时节，需要及时进行夏收、夏种。好在现在有了联合收割机，麦收时节，乡亲们轻松多了。

今天是芒种，站在芒种的节气里，眼前又浮现出这样一种场景，一望无际的田野上，到处都是忙碌的农民，古铜弯曲的脊梁，迎风挥舞的银镰，黝黑的脸膛，汗水就像断了线的珠子从脸上滚落下来。芒种，是农民经历了辛苦的耕耘，收获着丰硕果实的最好回报。

# 晒幸福

入秋以来，天一直阴沉沉的，细雨一直滴答地敲打着窗棂。今天早上，天终于放晴了。早上起来，太阳穿透云层，露出了久违的笑脸，晒在人身上，暖洋洋的。

难得有这样一个大晴天，我把家里的被褥拿到阳台上晾晒。这时，我看见小区家家户户阳台上，都挂满了花花绿绿的被子、床单，一床床被子、床单像一面面彩旗在迎风飘扬。

“妈妈，他们这是在做什么，是在晒幸福么？”女儿问我。我很惊讶，这么一个美丽的词汇，竟然出自一个五岁的孩子嘴里。晒幸福，这是个多么暖融融的字眼，温暖明媚，有着阳光的味道、甜蜜的味道。是啊，有时候幸福真的是应该拿出来晒一晒的。生活，就是由许许多多的小幸福聚在一起，就变成了大幸福。而国家，就是我们这些小家庭的千千万万的幸福汇聚在一起，就变成一个民族的幸福。国富民强，幸福安康，就像此刻，太阳暖洋洋地晒在身上，一家人其乐融融，吃着饭，聊着天，享受着亲情的温暖，晒着太阳，越晒心越暖。

孩子的世界是无忧无虑的，在他们的眼里，世界是美好的。我告诉女儿，晒太阳就是晒幸福，因为，在这个世上，只有太阳是最公平的，它不管你是穷人，还是富人，是在阴暗的角落，还是在墙角的旮旯处，阳光都会一样毫不吝啬地照耀着你。这个世界，即使所有人都背叛了你，你还有阳光，阳光会永运忠实地陪伴在身边。或许，生活中，我们每个人都会遇到挫折、困难、阴霾。但有阳光的地方，就会有温暖。

生活中，我们大多的时候总是仰望和羡慕着别人的幸福，“你站在桥上看风景，看风景的人在楼上看你。明月装饰了你的窗子，你装饰了别人的梦”。生活就是这样，当你羡慕别人的同时，自己也常被别人羡慕着。其实我们每个人都是幸福的，只是每个人的幸福标准不一样。你的幸福，常常是在别人的眼里。不管日子过得像什么，心情才是最重要的。你可以把日子过得云淡风轻，也可以过得风声水起。只要心里有阳光，走到哪里都是幸福。生命的意义在于我们蓦然回首时，有泪水也有欢笑，慢慢咀嚼，也会回味悠长。所以，无论过什么样的日子，都是上天对你最好的恩赐，良辰美景，且行且珍惜。

晒太阳其实就是晒幸福，幸福其实很简单。就像这个秋日的午后，有阳光、有叶绿、有花开、有风吹、有鸟叫。这个世界是美丽的，而我，正好有一双发现美的眼睛。这就是幸福，我愿把我的幸福，拿出来和大家一起分享，晒幸福，这是多么美好的字眼，把幸福拿出来晒晒，想着，都是一种幸福，不是么？

# 赶庙会

儿时，在乡下，最快乐的事情，莫过于能跟着大人去赶庙会了。赶庙会是我们苏北农村多少年流传下来的传统习俗，极其隆重也富有特色。这样的大庙会每年只有一次，庙会那天，方圆几十里的人和商贩都会齐聚在庙会里。大街上到处是人挨人、人挤人，这是因为农历的四月初六，正是春暖花开，万物复苏的季节，也是乡下的农闲时节，麦子灌浆了，一年中最忙的时候就要到了，家家户户正需要置办一些农具，因此赶庙会置办农具添置一些生活用品，就成了一年当中农户人家的大事情了。

而像这样的大型庙会，对于孩子们更是眼巴巴所盼望的，这种兴奋跟过年的心情一样。那时候农村生活艰苦，一年到头也没有什么好吃的，好玩的，生活色彩很单调。因此，我们这些孩子一个是盼望着过年，再一个就是盼望着赶庙会的日子快点到来。往往离庙会还有好几天，家里大人们就会盘算着家里都需要置换点啥，家里的凉席要换新了，马上要收麦了还要买几把镰刀；夏天了，孩子们要添换季的衣服了……

而我们这些孩子们却只想着庙会上人山人海的热闹情景，想着小摊上的小人书和糖包子，又想着大人会给几角钱，扳着手指头巴望赶庙会的日子赶紧到来。

终于盼到了赶庙会，那天一大早，母亲塞给我一元钱，说这是给我的零花钱，并叮嘱我，这钱不能乱花，需要的东西她会帮我买。母亲还会烙上几张葱油饼，让我和哥哥带在路上吃。这香香脆脆的葱油饼，平常我们是吃不到的，只有过节或家里来亲戚的时候才能吃到。赶庙会那一天，母亲极其大方的，会为我们每人烙上几张葱油饼。通往乡镇庙会的大路上，川流不息的全都是赶庙会的人。我们三个一群，五个一伙说说笑笑结伴而行。庙会离我们家有五公里路，平常步行赶街，总觉得很远很累，而赶庙会这一天，我们心都被快乐充满着，一路上蹦蹦跳跳，你跑我追，根本不知道什么是累，内心早已被即将到来的喜悦充塞得满满当当。

大街上满是喧闹的人啊，你挨着我我挨着你的，像一锅蒸腾的粥。到底是春末了，天气不错，太阳暖暖地照着，赶庙会的人熙熙攘攘，推推挤挤。我们这些孩子，走在人群里，两只眼睛四处看，街上到处都是吃的玩的，随处都能看到油煎包子、酥油果子、羊肉汤、黄亮亮的豆腐卷子。空气中浓郁的香气直往人的鼻子里钻，令人垂涎欲滴，我咽了几口唾液，扯了扯母亲的衣角，眼巴巴地望着母亲，希望母亲能给我买一些好吃的。母亲拉着我的手轻言慢语地说，饿了吗，饿了就吃葱油饼。这时，我才突然发现，躺在我口袋里的两张薄薄的葱油饼，比起庙会上这些令人眼花缭乱的好吃的，根本算不了什么，也明白了母亲烙葱油饼的真实用意了。

到了傍晚，热闹隆重的庙会也要结束了。赶庙会的人们带着满足和喜悦的心情纷纷走上回家的路。逛了一天，哥哥会在庙会上买到他心仪已久的玩具，一把木质大刀或一把塑料手枪，而我会买一本小人书和一条花裙子，母亲买了家里的日用品，我们心满意足地走在回来的路上。夕阳把大地笼罩成一片金色，我们沐浴着金色的阳光，说说笑笑，把快乐的笑声洒满一路。

多年过去，故乡的庙会一直鲜活在我的记忆中，那是一年中最开心、最热闹的时候，大家无论多么忙，都会放下手中的农活，不约而同地聚在一起。借着赶庙会的机会拉拉家常、谈谈收成，姑娘小伙借着这样的机会悄悄约会，那是一段最美妙的时光。赶庙会也成了故乡一道靓丽的风景线。

# 仰视清明

清明是我国重要的传统节日，自古以来，清明节是祭奠亲人、抒发亲情、感恩怀旧的日子。清明，也是一个后人心中仰视和追思的日子。每到四月，千思万缕的思念总会伴着清明节的细雨纷至沓来。

清明，是一个在亲人眼中寄托沉甸甸思念的日子。在这个特定的日子里，无论咫尺天涯，人们都要重返故里，将一份纯真的思念，培植在亲人青草萋萋的坟茔上，长成温馨的慰藉。而那些羁留在异乡的人们，也会用自己的独特方式遥遥祭告，或是瞻仰亲人的遗像，或是抚摸故人的遗物，或是朝着青冢的方向默默遥望。

仰视清明，悼念亲人，抒发亲情，这是一个寄托哀思的日子。

清明，一个意义深远的节令。在这样的日子里，人们心里盛满了对祖先的缅怀和哀思。在这样一个溢满思念的日子，我都会特别想念逝去的堂嫂。堂嫂去世的时候才五十岁，因患肺癌去世的。每到清明，我都会到她的坟前，为她烧一些纸钱，和她说说话。我是喝着堂嫂的乳汁长大的，因此堂嫂对我特别亲。我还在襁褓中的时候，母亲因生我身体太弱，奶水不足，堂嫂的女儿比我大两个月，堂嫂总是喂完女儿就来喂我，是堂嫂的乳汁哺育了我。母亲说，血浓于水，堂嫂是一把尿一把屎地把我带大的，她就是我最亲的人。

中专毕业，我刚走上工作岗位时间不长，就传来堂嫂患病的消息。那是个春天，我去看她，她正坐在院子里晒太阳，看见了我很高兴，拉着我的手问长问短，那时候刚刚化疗后的她，看起来精神很好，不像有病的样子。和她聊了一会儿，她坚持要做饭给我吃，还专门上街买了肉，包了我爱吃的韭菜饺子。这是我见她最后一面，当我再次见到她的时候，她已经躺在病床上，说不出话来。病痛的折磨已经让她奄奄一息，我失声痛哭。

“燕子去了，有再来的时候；杨柳枯了，有再青的时候；桃花谢了，有再开的时候……”而逝去的亲人，您在哪里？默念着朱自清老先生的词句，勾起阵阵的思绪。年年清明，今又清明，往事，慢慢划过眼前，怀念过去那些美好的时光，怀念那些温馨的画面。

清明时节，细雨霏霏，清明是一种缅怀，一种深深的思念，想起那些远离我们的亲人，我想说，爷爷、奶奶、堂嫂，你们在天堂还好吗？一抔黄土，阴阳两隔，尽管咫尺，却是天涯。压抑着哀思泪如雨下，逝者已远矣。年复一年，绵绵思念，总会在清明时节，沉浸在深深的悲痛之中。

年年清明，都会有着一种深深的思念。思念是一颗生命力十分旺盛的种子，清明时节让它复苏，让它疯长。思念成疯，我的思念乘风而去，天堂的祖先们一定会收到。纵然阴阳两世，但永远都骨肉相连。年年清明，今又清明。“春风重拂地，佳节倍思亲。”祝福已逝的亲人们在天堂安好。

# 防震棚

从我记事起，我家门口就有一个小木棚。母亲说，这是父亲搭建的防震棚，是用来防地震的。

那个棚子，比普通的房屋小得多，两边用竹子和木棒当墙，屋顶上铺了一层塑料布，上面用厚厚的一层稻草铺着，万一发生地震，房屋倒坍，竹子、稻草也伤不了人。防震棚左边铺着一张用竹子做成的小凉床，是仅够一个人睡的单人床，是留给我大哥睡的。那时我还小，晚上都是母亲陪着我睡在房屋里。父亲则带着两个哥哥住在防震棚里。

为了防患于未然，父亲在防震棚里备了米面、水、炉子等生活必需品，防震棚空间本来就很狭小，又放进了一些东西，里面的空间就更小了。中间只留了一条窄窄的走道，走道右边是用竹竿、稻草铺成的榻榻米那样的床，是父亲和二哥睡的。每到晚上，父亲就会带着两个哥哥睡在防震棚里。春秋季节还好一点，冬天凛冽的西北风呼呼刮着，防震棚里四面透风，阴暗潮湿，根本不适合住人，可父亲爱子心切，害怕地震突然而至，坚持要带哥哥睡在防震棚里。我和母亲仍然住在宽敞明亮的房屋里。那是一个寒冷的冬天，防震棚里呼呼地进风，五岁的二哥住在防震棚，因为天气寒冷，被冻感冒了，一连发了好几天的高烧。这可把母亲吓坏了，等烧退了以后，母亲说什么也不让二哥住在防震棚了。

这个防震棚，就成了父亲和大哥长期居住的地方。夏天的防震棚，因为屋顶上铺着一层塑料布，密不透气，酷热难耐，大哥不肯住在里面，他会选择住在我家西头新砌的两间平房顶上。平房是用水泥浇顶的，夏天夜晚，天气闷热，母亲会提一桶凉水，洒在平房的水泥地面上，等把晒了一天的温度降下来，放上两张凉席，我们一家人，挤在两张凉席上纳凉，母亲拿着蒲扇，为我们驱赶蚊虫。

乡村的夏夜是丰富的，最丰富的，莫过于月光了。那真是一泻千里呀，远处的田野、稻田，近处的树木、房屋，都可以尽情享受月光浴。白天的喧嚣与燥热，被濯洗得干干净净，青蛙在池塘里欢快地唱着歌，虫子们在草丛中叽叽喳喳，这个时候的乡村，宁静得像一幅画。

夏夜是孩子们的天堂，牛郎织女的美丽传说，陪伴我度过了简单快乐的童年。我躺在凉席上，看着天上的星星，这时候的父亲是极好说话的，我就缠着父亲，给我们讲故事。父亲是当地小有名气的文化人，他是我们当地中学的校长，他看的书多，讲的故事也很精彩。这时候父亲清了清嗓音，就开始讲故事了，他的故事开场白都是从前啊，有一个财主……父亲讲故事的时候，会吸引来邻居家的小伙伴们，他们都喜欢跑来听故事。有时候，父亲一个故事还没讲完，我就睡着了。

整个夏天，哥哥们都住在平房顶上。后来不知什么时候，父亲和大哥都搬出了防震棚，防震棚就成了库房，里面放着一些农具、化肥、农药之类的东西，偶尔也会有流浪猫、流浪狗住在里面。这个防震棚父亲一直没舍得拆，直到前年，我家门前要新铺一条水泥路，防震棚碍事，不得不拆除。拆除防震棚那天，父亲没有动手，而是坐在边上，默默地抽着烟，眼睛里有着不舍和难过。

多年过去，我终于理解了父亲，他对防震棚，就像对待我们子女一样，怀着一种深厚的感情。父爱是深沉的，他的胸怀宽广博大，他的爱更像是一座山，一座能为子女遮风挡雨的大山。

# 老照片

昨日，在家整理书橱。在一堆旧书里，突然翻到了一张我二十多年前的旧照片，照片是三寸彩色的，已经旧得发黄了。照片上的我，是一个十来岁的小丫头，紧张而羞涩的，低眉垂眼，穿着一件花衫子，上面绣着大朵大朵的玫瑰。脚下，穿着一双旧千层底布鞋。背景是一片菜花黄。

一张旧照片，勾起了我对童年的回忆。

记得我拍人生第一张照片的时候，那年才十二岁，读小学四年级。那是一个油菜花盛开的春季，我们村里来了一个年轻的小伙子，这个小伙子手里捧着一个几寸长的长方体的小匣子，挎在脖子上，肩上扛着一个三脚架子，满村子吆喝“照相喽……”惹得全村的大人小孩跟在后头看稀奇。我们一群孩子，更是惊奇得很，围在后面看热闹。人多的地方，小伙子会拿出别人照过的照片，展示出来给我们看，诱惑着那些爱美的姑娘小伙子。你看，这么漂亮的照片，你也照一张吧，你长得漂亮，照出来会更好看的。说得那些姑娘很快动心了，那一天，村里就像过节一样，大人小孩都围着摄影师，或是兴奋地等着照相，或是羡慕地在旁边看热闹。等聚齐了人，最后再将大伙一起带到他选的背景地。

师傅选的背景地是油菜花地。那时，农村到处都是茅草房，没有像点样子的砖瓦房，为了拍出好效果，他选了一块油菜花地，那正是四月里的天气，田野里，一片菜花黄，一阵春风拂过，像一片片黄色的波浪。师傅选定一个地方，指挥大家一一坐过去，只见师傅将那长匣子拿到眼前，摆弄半晌，就听那匣子里“咔嚓”一响，师傅就说，好了，等过几天你们再到这里拿照片。我们都还和做梦一样呢，就照好了。怎么就这么简单，大家还没过瘾，我们都不相信呢。记得那是我第一次偷偷地跑来照相，是瞒着家里人的，我借了我同伴一件新衣，穿在身上，又大又肥，不怎么合身，但总比我自己那补丁摞补丁的旧衣服体面多了。

此后，我们每天就像盼星星盼月亮一样，盼望照相师傅送相片。也不知盼了多久，终于盼来了照相师傅！照片上的我，灰头土脸的，穿着一件又肥又大的衬衫，垂着头，紧张而腼腆。就是这样，但满心里还是欢喜，带回家，给这个看，给那个看，大家都说好。只可惜，那个时候不懂得，年少的光阴也是一晃即过的，需要好好保存。把玩一阵之后，不知把它散落到何方去了。

如今家里墙上挂的，桌上堆的，衣橱里放的，到处都是一大堆的照片，色彩斑斓。不同的时空下，我巧笑倩兮、美目盼兮。

闲来无事时，我喜欢翻开那一张张过去的照片，透过照片，那年那月，如老电影般在脑海中闪现，恍若隔世。

今年的 10 月 1 日，是我们伟大祖国建国六十周年，早在年初，我和先生就商量好了，今年的国庆节，我们一家三口去北京过节，带着我们六岁的女儿，爬长城、游故宫、看鸟巢，在北京天安门前摄影留念。

我要把女儿的照片收藏起来。等女儿将来长大了，我把我小时候的照片和女儿小时候的照片，拿出来对比。一张照片，见证了两代人的童年。

为了纪念我们伟大祖国成立六十周年，我们回顾过去，缅怀历史，六十年的风雨兼程，我们伟大的祖国，如今已傲然屹立在世界东方。特别是改革开放以来，我们的祖国已经发生了翻天覆地的变化，取得了一系列令人瞩目的成就。

然而，许多年前的第一次照相的情景，一直温暖着我的记忆。

和女儿在虞姬生态园里拍了好多照片，女儿摆出了各种姿态，照片上女儿笑得很灿烂，而我，也笑得满目生辉。

一直就很喜欢照相。家里的照片早已堆积如山了，但每年还在整本整本地增加。不知道是不是因为小时候的照相瘾没有过足，所以有条件以后就变本加厉，就像赌徒想翻本似的猛照。

# 糖葫芦里的童年

秋了，终于到了秋天，天气渐渐地转凉了。早上，走在凉凉的秋风里，空气里有着凉爽的味道。我喜欢这样的天气，一个人漫步在秋风里，感觉整个人都清爽了许多。

这个夏天，好像太漫长了。密不透风，让人感觉透不过气来，太热了。天气终于凉下来，缠着他陪我逛街，他不喜欢逛街，总觉得一个大男人，逛街实在是一种无聊的举动。今天在我的一再央求下，他终于答应陪我了。走在大街上，凉凉的秋风吹拂着面颊，觉得好惬意。一路上说说笑笑，我们很快到了小城的女人街。女人街，顾名思义，就是专为女人设的一条街，专卖女性的饰品、服装、鞋帽。女人街，就是不一样，天气刚有点凉意，一款款新潮别致的秋装早已闪亮登场，吸引着女人的眼球。我兴致勃勃地在那一款款优雅的秋装面前流连，这件摸摸，那件试试，每一件都想买，这一刻，只恨自己口袋里银子太少，真想件件都买回家。此时，真羡慕那些卖服装的人，想穿哪件穿哪件，能好好地过把瘾。

女人天生爱美，见到心仪的服装，更是迈不动脚步，看那一款款别致的衣服，即使是很一般的女人，穿在身上，也显得风情万种、风姿摇曳。这时候的女人，就是一道靓丽的风景。女人，都是时装表演的天才，就是为时装而生的。

挑一款紫色的风衣，甚是喜欢。总觉得风衣，能把女人的天真浪漫温柔飘逸，表现得淋漓尽致。风衣，我喜欢。

终于逛到了一件自己满意的衣服，心满意足打包买回。一路上兀自开心，竟忽略了宝贝女儿。女儿不高兴地嘟着小嘴，说我只顾自己高兴了。正思忖着怎么去哄女儿，这时忽然看见街边有卖糖葫芦的，遂上去买了两支，和女儿开心地吃了起来。我喜欢吃糖葫芦，对于糖葫芦有着难以割舍的情愫。记得儿时，在我们乡下，在那个物质极其匮乏的年代。香甜我整个童年的，就是糖葫芦。记得小时候，特别是冬天，冰天雪地的，那个卖糖葫芦的中年妇女，头戴一块方巾，腰挎一个草篮，肩上扛着一个草把，那些糖葫芦就插在草把上。那一串串红红的糖葫芦诱惑着我们的味蕾，我们就忍不住缠着大人要买，一般都不能如愿。那时候温饱都成问题，哪有闲钱给我们买糖葫芦。心情好的时候，偶尔会给我们一角钱，买上一串。那时一串糖葫芦，能让我甜蜜地回味好长时间。在我小小的心里，糖葫芦就是我童年最奢侈的零食，酸酸甜甜的糖葫芦一直香甜在我童年的记忆里。也许因为有了最初的向往，现在我还对它有所迷恋，或许也是为了圆儿时的梦。

童年，幸福其实很简单，有糖葫芦可吃的日子，日子便幸福地滴出蜜来。

# 天籁之音

从我记事起就对广播有着特殊的感情。老家住在苏北农村，儿时在乡下没有什么可娱乐的东西，没有电视，或许就是两月一次的露天电影，还有的就是村里的广播。

村里的广播用途很多。通知收缴费用，传达会议精神，甚至有时哪家牛、羊走丢了，也会到广播里喊几声，偶尔也会播放一些歌曲，或是老歌，或是时下流行的歌曲。歌声似哨子，令我驻足。是的，是认真地驻足。我生怕错过什么，侧耳倾听。那真是美妙的感受，广播里输出圆润的声音。那些声音如同春天的水在大地上流过，妙不可言。

我喜欢听歌，广播一般在中午播放歌曲，有时是电影里流行的歌曲。大多的时候，总是播放一些通俗喜庆的老歌，农村人喜欢步步高升、恭喜发财之类的喜庆歌曲，特别是过年的时候，更是讲究这些。所以广播都是以播放这一类歌曲为主。无论怎样，有歌听是一件极其享受的事情，所以每次我都认真地听，听到喜欢的歌更是惊喜。同样，村里和我一样喜欢听歌的人，每到中午播放歌曲的时候，大家都会聚到村里这棵最大的老柳树下，广播就挂在柳树上。大家听得更清晰、更真切。

邻居张爷爷喜欢听戏。每当中午快到十二点时，他都会搬条凳子坐在柳树下，认真听广播里传来的戏曲声。他竖着耳朵，眼睛微闭，异常认真。有几次，我路过他跟前，想跟他打招呼。但他摆手示意，意思是让我先听完戏曲。当时的曲目是《皮秀英四告》《秦香莲》《穆桂英大破天门阵》等，每每这个时候树下坐满了人，都是村里上了年纪的，喜欢听戏剧的爷爷、奶奶。他们不是家里的主要劳动力，没有什么事情可做，就喜欢聚在这里，认认真真地听戏，唯恐错过一个字，听不到完整的了。

记得夏夜，晒场上听广播是最热闹的场景。大家都忙完了一天的活计，洗漱完毕，家家户户都搬上凳子、小竹床，饭后一家人都在晒场上乘凉。不知谁在晒场上接了个小广播，比村里老柳树上的广播小得多，但声音听上去却一样地清晰，大鼓琴书《杨家将》《呼家将》《狸猫换太子》《包青天》等，这些千古流传的戏剧名曲，伴随着夏夜的蛙鸣。而那声音，如金属器皿发出的声音一样，金光灿烂，亮闪闪的一片，犹如强心剂一般，令大家精神焕发，沉醉在故事里，为故事里的主人公，掬一把清泪。

那些年，我是听着广播，在大鼓琴书声中长大的。离开了乡村好多年，乡村里的那些事情已渐行渐远。而此刻在写这篇文章的时候，我正坐在电脑前，电脑里播放着我小时候常听的那首老歌，而我再也寻不见听广播时的心情。那些天籁之音，已一去不复返，只留下一片灿烂的回忆。

# 桐花铺满的小路

这是一个雨后的黄昏，我坐在小城的五楼，忽然间看到了桐花。窗外，细雨蒙蒙中，是一棵高大挺拔的梧桐树。这是四月天，一大片一大片的桐花开得正热烈，白的如云，粉的似霞，紫的若锦……雨后的桐花清新中略带着泥土气息扑面而来，花香袅袅弥漫，悠悠扑鼻，沁人心脾。我贪婪地嗅着桐花的清香，恍惚中又回到了童年。

儿时的乡下，一到四月，就有大片大片的桐花，一簇簇如锦似霞的桐花绽放在高高的泡桐枝头。我和小伙伴们走在桐花铺满的小路，随手摘下一朵桐花，又软又绵的桐花，上面有雨露儿，颤抖着，微张着，拿在手里，清香扑鼻。那时候我和小伙伴们最快乐的事情，就是放学路上，一起拣拾起落地的桐花，或吮吸其花蕊甜甜的汁液，或将其调头当喇叭吹；女孩子家，最爱美，有时候，我们会把桐花穿成一串，当项链、当花环戴。那时候的物质生活尽管简单，但因为有了桐花，我们的童年在桐花陪伴下过得无忧无虑，就像生活在童话里的公主一样幸福快乐。

那时候的乡下只有贫瘠的土地，瘦瘦的河水，还有一年四季被饥饿折磨得皮肤呈菜色的乡亲。

在那些饥肠辘辘的岁月里，桐花，就成了乡下人的救命粮。每每到了青黄不接的时候，也正是桐花满天飞的季节。那时候家家生活都很艰难，没有粮食的日子，好在有桐花。桐花命贱，好养活，在乡下，田间地头，桐花到处都是。那些艰难的日子，乡下人家，喜欢用桐花煮稀饭、包饺子、包饼吃。因为有了桐花，日子就这样熬了过来。

记得故乡的小街上，有一个露天电影院。院子里因为有几棵高大的泡桐，显得有几分虚幻。那时我常常和同学跑去看电影，当然是要逃课的。电影票三毛钱一张，今天是粉的明天是蓝的，细细的长条，前面印了座位，多少排多少号，后面是日期，我长得瘦小，常常混在人群里就溜了进去。或找一处低矮的墙头，翻墙爬了过去。那时候我们很少买票，三毛钱一张的票，对我们小孩子来说，是极奢侈了。大多数的时候，我们都逃票，当然，如果哪天看得紧，而电影又是我们很想看的武打片，也偶尔掏钱买票，不过那种情况是极少见的。

每天上学都要经过电影院，我总是不经意地扭头看那些泡桐，那些高高开在枝头的桐花。春去春回，后来我离开了故乡，再也没有回去。

再回故乡，却不见了桐花。

村里到处都是楼房，电影院盖成了商城，里面非常热闹。电影院不复存在，当然也没有桐花了。这更牵引我对桐花无限的情思，无限的爱。恍惚中，我似乎又回到了童年的时光。到处是一大片一大片的桐花，桐花在凋谢时，也不是萎败于地，仍是如在枝头一样鲜挺。大片的繁花铺在地上，没有落红的伤感，只会体会到花径的美好与浪漫。踩着桐花铺满的小路，我们一路蹦蹦跳跳地去上学。桐花，芳香着我的童年。

# 草垛里的童年

每每回忆起童年，就会如此强烈地怀念记忆深处的草垛。那里，藏着我最快乐的童年时光。

每年夏收季节，是农村的丰收季节。这时候天空特别地湛蓝，空气格外清香，夹杂着青草味、麦草味的香，能一下子渗进人的胸腔。嗅着清香，大人们脸上挂满了丰收的喜悦。这个时候，谁家的草垛堆得最多，垒得最高，脸上挂的笑容就最灿烂。是啊，麦收时节，谁不盼望着有个好收成。草垛一座一座垒起来了，田埂边，晒谷场上，家前屋后，到处是高高低低的草垛，长方形的、正方形的、圆形的，而圆形碉堡式的草堆是最好看的。

乡村的夜晚，是宁静的，劳累一天的人们，很快进入梦乡。这时候，却是我们小孩子最快乐的时光。我们像一群不知疲倦的麻雀，叽叽喳喳聚到一起，玩起掼宝、搗拐、追仗等游戏，更多的时候，我们喜欢玩“藏猫猫”的游戏。几个小伙伴，随手扯下几根柴芯，掐得长短不一握在手里，每个孩子抽一根，抽到最短的孩子便理所应当成了“找猫猫”的。当他从这个草垛转到那个草垛，我们总是有办法对付他。从这个草垛钻进那个草垛。乡下的晒谷场，总是连成一片，大大小小有几十个草垛，我们随便往哪个草垛里一藏，就能让小伙伴找个半天，有时候找着找着，不耐烦了，大家又四散去做别的游戏。记得有一次，我躲在一个草垛里，闻着柴草的清香，看天上星星忽闪忽闪的，数着星星，也许是太累了不由睡着了。睡到了半夜，被凉风冻醒，才发现小伙伴们早已回家了。偌大的一个晒场，只剩下我一个人了。四周静悄悄的，远处有磷火一闪一闪的，这让我想起了鬼点灯的故事，吓得我哇哇大哭，撒腿就往家里跑。

童年的夏天，总是有数不清的快乐。记忆中，故乡的河床与河堤上长满青草，细细的溪流在河床草丛中硬是冲出一两条水路来。浅浅的河水清凌凌的，大人们会把家里的衣物统统拿去，堆放在石板上，用棍子使劲敲打着。这时候，大人们边洗衣服边聊天，不时有一串串笑声，飘荡在乡村的上空。小孩子则赤着脚在水中尽情玩耍，一些鸭鹅们在水草间寻觅着食物，有手指长短的小鱼儿在溪流里欢快畅游。这时候，天很蓝，太阳明晃晃的。这样的时光，有着光阴的味道，有着俗事里的幸福。

最喜欢的是夏日午后，一场暴雨过后，河湖涨水，鱼虾顺水游走。这时候，随便的一条小河、小水沟里，甚至稻田里都可以捉到鲜嫩肥美、没有化肥农药污染纯天然味道的鱼虾。月明风清的雨后，还可以摘到西瓜、梨子、葡萄等水果，还有黄瓜、西红柿等。无一不是味道甘甜，水分充足，没有污染，绝对是绿色食品。

童年，有太多的快乐。每每回忆起童年，记忆中穿行在草垛中的欢乐和幸福总是充溢得满满的。

# 童年的豆腐香

早上起来，小区里传来卖豆腐的吆喝声："豆腐，新鲜的豆腐喽……"这种熟悉的叫卖声，如同一种乡村音符，从耳畔掠过，好似泥土一般芳香，让人倍感亲切。我喜欢吃豆腐，特别是刚出锅的豆腐，还冒着热气，葱花、香菜、酱油，再放一点香油拌均后，吃起来味道特别地绵软可口，每每回想起来都会唇齿生香。喜欢吃豆腐，也许是小时候养成的习惯，记得小时候，最大的奢望，就是能吃上一碗冒着热气的豆腐。卖豆腐的声音渐渐走远了，而关于豆腐的相关记忆不断涌上来，我喜欢那种纯天然的感觉。若干年后，每当听到卖豆腐的吆喝声，我就会想起小时候吃豆腐的快乐。

小时候，家境贫寒，平常的日子，根本不可能吃到豆腐，偶尔，家里来了亲戚，妈妈就会花上几毛钱，豆腐青菜煮上一锅，招待客人。那时候，家家都很穷，有青菜烧豆腐，这对于我们来说，就是世上最美味的佳肴了。就是这样的菜，平常也很难吃到，于是，我们就格外盼望过年，好美美地吃个够，那可是仅次于猪肉的解馋食物。也只有过年，我们才能大快朵颐。

看起来白白嫩嫩的豆腐，其实做起来是个累人的活儿。头天晚上把豆子放在水里泡，浸泡了一夜，还得劈好足够的干柴，挑来满满一缸水，然后要将泡好的黄豆用石磨磨成浆。那时候的农村，家家都有一盘石磨，石磨很沉，一个人是推不动的。得有两三个人，将豆子放在石磨里磨，快了不行，粒粗渣多，浪费，慢也不行，空转，不出活儿。一圈一圈，均匀用力，还要不断地浇水透浆，填豆收浆，单调重复，麻烦透顶。没有小半天工夫下不来，绝对磨练人的耐性。

那时候，谁家要是准备做豆腐，得提前几天作准备。

到了做豆腐那天，全家老少齐上阵。早早起床，抱柴添火，那边烧满了一大锅水。一切就绪后，用洗干净的沙布装上磨出来的豆浆糊，开始挤压。这活一般由哥哥和母亲完成，自然很不轻松。揉挤完一遍后，再倒入两瓢热水，摇匀再挤，如此反复二三，才倒出包内剩下的豆腐渣。一锅豆浆渐满，便开始填柴烧火，将要沸时，锅里豆浆就会慢慢凸起，这当儿千万不可大意。否则，一旦表面那一层渍皮裂开，绝不亚于火山喷泉，瞬间就会冒出锅沿，漫溢一地。此时，必须及时将准备好的卤水适量滴入，方能止住沸腾，这活只能由母亲来做，别人断不敢轻易伸手的。说也奇怪，只要卤水一滴入，锅中白如牛乳的豆浆，即刻便像秋日天空的云彩。卤水滴完了，豆腐脑也形成了，余下的工序就很简单了。母亲便用葫芦做的大水瓢舀出锅里的豆腐脑，倒入沙布包里，然后系好，压上盖子，施以重物压紧，一刻钟后，打开包袱皮，一板鲜嫩可口的豆腐就做成了。这时候，我们就会迫不及待地每人切上一块，在碗里放上大蒜、葱、酱油等佐料，美美地吃个饱。母亲还会让我们给左邻右舍送上一块。

直到现在，每次到饭店吃饭，我总是还会不自觉地点上一道豆腐菜。当然，现在的豆腐，做法更是五花八门了。可无论形式翻新再多，无论怎么吃，都再也没有童年的味道了。就是让妈妈自己再做，也已做不出当年的感觉。不知是它们现在全都变了味呢，还是生活水平确实提高了的缘故，我想应该是后者的成分居多吧。毕竟那时候可吃的东西太少，记忆中只有这么一道丰盛的大餐。但是儿时做豆腐的快乐心情，永远难以忘怀。

每每买回一块豆腐，就会勾起我对小时候的回忆。如同一坛陈年老酒，被一次次开盖，让我闻到童年的馨香……

# 家乡的秋天

随着一场细雨的问候，秋天走进了苏北这个小城。“蒹葭苍苍，白露为霜”，白露过，秋分至，秋天就算正式来临了。这姗姗来迟的秋，仿佛是犹抱琵琶半遮面的佳人，浅笑低吟、亦步亦趋，欲语还休。

秋天是丰收的季节。秋天对家乡人来说，是个让人感到无比温暖与满足的季节。自然，金秋十月也是家乡人一年中最为忙碌的季节。除了脚下简朴而又厚道的黄土地，金秋十月还是家乡人唯一值得向外界反复炫耀的一份宝贵财富。因为，十月，是收获的季节。大片大片的玉米地里，那些棒槌样结实的玉米也早已熟透。金黄抑或雪白的颗粒，在变得有些发脆发白的苞衣里，像一行行纵横有致、排列有序的士兵，正在等待着播种者的检阅。

家乡人总会选择一个阳光灿烂的正午，走到田间，走到地头，他们忙忙碌碌地收割完田垄中的谷子之后，接着便要掰玉米棒子。选一个天朗气清的日子，乡亲们一拨儿一拨儿地涌向田野，涌向地头，像鱼一样游动在玉米丛中，把干枯的玉米叶子搅动得哗哗作响。这掰玉米棒子的活，其实并不轻松，干得累了，年轻人便会情不自禁哼起了歌，老年人三五成群聚集到地头，装一锅辣味十足的叶子烟，一边吧嗒吧嗒地吞云吐雾，一边成竹在胸地谈论着今年的收成。

秋天，是个香甜的季节。小区里有一棵桂花树，早上起来，打开窗，香甜的桂花香气总是扑面而来，香甜浓郁的味道，时而浓烈，时而清淡，你若要去寻着它的香气，似乎又寻不着；若不去寻它了，那香气又悄然逼近你的鼻翼，那淡淡若有若无的香味，沁人心脾。

记忆中隔壁三奶奶家有一棵桂花树，花开的时候细细碎碎的小黄花，那熟稔的香甜味，率真，浓烈，让人的心跟着都香香甜甜起来。每年中秋节，三奶奶一家人都会团团地围坐在桂花树下赏月，吃月饼，三奶奶用桂花馅做成的芝麻糖饼，总是能让我大饱口福。

喜爱桂花，用桂花做成的汤圆，是我儿时见过的人间最美味的食品。母亲做的桂花汤圆让我百吃不厌。农闲时间，母亲把糯米粉和糖搅拌均匀，里面再洒上一些晒干的桂花做成的一个个桂花汤圆，桂花汤圆吃起来香糯可口，细腻柔软，具有浓郁的桂花清香，一口咬下去清香浓郁，唇齿生香。

桂花糕也是我们苏北的传统食物，不仅口感上非常美味爽口，在制作方法上也是非常简单且花样繁多。每年春节，在我的家乡，家家户户都会做上花色不同的桂花糕。

我喜欢秋天，秋天是个多彩的季节， 秋天，象征着成熟，意味着丰收。 秋天，是一个美丽的季节，是一个丰收的季节，是一个充满欢声笑语的季节。

# 五月的麦子

进入农历五月，乡下的麦子就熟了，田野里到处是起伏的金黄色麦浪，空气中弥漫着淳朴的麦香。

小满过后，气温一天比一天高，麦子说熟就熟了。麦收是一年之中的大事情，家家户户磨刀霍霍犹如临上战场的战士。空气中飘荡着紧张的气氛。

每到这个关口，父亲的脸上就会变得异常紧张。他背着手，顾不得太阳火辣辣地炙烤，坐在田头，仰望着天空，心里在默默地祈祷。

这个时候，田间地头，到处都是上了年纪的农民。他们是土地忠实的守护者，他们一辈子面朝黄土背朝天，那颗粒饱满的麦子就像他们的孩子般金贵。他们三五成群聚集到地头，装一锅叶子烟，一边吧嗒吧嗒地吞云吐雾，一边计划着秋季的农事。

这时候他们最担心的就是天气，静观天象，生怕这几天天气出现不测。记得有一年，麦子就要收获那几天，突然天空中乌云密布，刮起了狂风，下起了瓢泼大雨，而且一下就是十来天，成熟的麦子被大风刮得大片大片地倒在田里。麦子损失严重，人们哭丧着脸，期盼半年的收成转眼就在一场大雨中毁于一旦。

俗话说，“蚕老一食，麦老一晌”。麦收时节，天气不等人，麦子一旦成熟，就得白加黑连轴转地抢收。因为麦收季节的天气，就像小孩子的脸，说变就变。眼看到手的粮食，谁也不想因为天气的原因毁了。因此，趁着好天气，赶快将麦子收割完毕拉回家中的场院晾晒，成了家家户户的头等大事。

当又一个鲜亮的黎明降临到这块黄土地上的时候，农民嗅到了麦子成熟的气息。急不可耐的乡邻，他们一拨儿一拨儿地涌向田野，涌向地头。他们挥舞着锋利的镰刀，熟练地收割着麦子。太阳就像火球一样烤着大地，割麦子是件苦差事。因此，他们大都是赶在早上或晚上天气凉快的时候动手。也有的人怕天气不好，顶着毒辣辣的太阳，在田里挥汗如雨。

儿时的麦收才是真正的麦收，那是真正的热火朝天，真正的每一天都忙得像在打仗。那时候，收麦子都是用镰刀，要一刀一刀割好，再打成捆儿装车拉到麦场里去，暴晒几天再用拖拉机拼命地碾压，最后装包拉回家去。整个过程烦琐冗长，要持续半个月左右。所以那时候人们也最害怕出现下雨天气，一年的收成就在这几天里。而其中的烦琐、疲累也是对人们体力和耐心的巨大考验，以至于麦季结束后每个人都像蜕了一层皮。

故而农村人叫抢收抢种。当然，在这争分夺秒的黄金时间里，家中除了老人，凡能够拿动镰刀的成员，不论男女，除留下一名做饭的女人外，统统挥镰上阵。记忆中的收麦，没有一点丰收的喜悦，只有一个字，累。那时候，每到这个季节，每天天不亮就要起床，抢收抢种。不到颗粒归仓的那一刻，农民的心永远是忐忑不安的。

如今种田都机械化了，联合收割机“突突突”一会儿就收割了一大片麦子，而且再也不需要碾压，直接拿着口袋就把麦子装回家，省了很多事了。

现在老家农忙季节，再也没有“黄金铺满地，老少皆弯腰”的抢收麦子的景象了，空气中也没有了麦子香。农历五月，和别的月份没有什么两样，大家一样地悠闲自得，闲情逸致。只是抢收麦子的记忆，麦穗、麦秸、麦香，以及月亮下的麦垛，一个个怀念的字眼，永远定格在了我的记忆深处。

# 第五辑　诗意人生

# 边玛多吉

导游边玛长得颇像康巴汉子，是个少数民族人，身材魁梧，桀骜不驯，有着西部少数民族人特有的粗犷狂野。一上车，他就给我们来了一个九十度的大鞠躬，欢迎大家来我们丽江作客！你看阳光多好，天多蓝！

他用并不标准的普通话介绍自己。他说："我叫边玛多吉，边玛是我的姓，多吉是我的名字，你们可以叫我边玛，但记住不要叫我马鞭，更不要叫我斑马。"大家都被他幽默的自我介绍逗得哄堂大笑。他接着说："你们不要笑，上次带的旅游团里，有一个老大姐在景点有事，到处叫马鞭、马鞭，我说你叫谁呢？她竟然说在叫我。你们记住了，这次再叫我马鞭，我可不答应了。"

我们一下子就喜欢上了这个年轻率真的纳西族汉子。一路上，他一直滔滔不绝，讲他们当地的风俗。他告诉我们，他是摩梭人，摩梭人没有婚姻，实行走婚，男不婚，女不嫁，他们没有婚姻形式的约束。没有文字，有着摩梭人自己的语言。他家住在美丽的泸沽湖边，全家二十六个人，是一个大家庭，老祖母已经八十六岁了，是这个大家庭的首领。他家兄妹九人，有一个哥哥，一个弟弟。哥哥到拉萨做喇嘛了，弟弟在吉林读大学。有六个姐妹，姐妹们生的孩子都在他家生活，他要挣钱养活他们，他们叫他边玛舅舅，他们那里都是舅舅抚养姐妹家孩子。

边玛自己有四个孩子，他的孩子在阿夏家抚养。阿夏就是摩梭男人对缔结成情侣关系的姑娘的称呼，男人则被姑娘称为阿注。他们那里没有老婆老公之分，年轻人只有情人关系。倘若感情不再，他们可以分开，重新找自己的阿夏，女人生的孩子都归母亲所养。

对于摩梭人这种传奇的走婚方式，大家都觉得好奇，一扫旅途的疲劳，都被眼前这个阳光帅气的导游边玛所吸引，大家你一句我一句地提问，边玛总是耐心地解答大家的提问，车厢里气氛热烈，不时传来边玛爽朗的笑声。有人建议边玛为大家唱首歌，他喉咙一展开，让大家吓了一跳，那声音阳刚、粗犷、嘹亮，响彻云霄，震撼着我们的心灵！“远方的阿妹，她温柔而且可爱，她黑黑的长发，我思念她日夜不安宁，许多年来我一直等待，阿妹快回到我身边……”我们说：“你的声音太好听了，原生态呀，你去报名参加《中国好声音》吧，一定走红，现在都流行这个。”边玛听了很认真地回答：“我们村里的确有一个人，去参加《星光大道》，还得了冠军咧。”他说这话的时候，一脸自豪。

两天的行程，边玛带着我们去走茶马古道、玉龙雪山。边玛的热情好客给大家留下了良好的印象。临别时，边玛又为大家唱了几首歌，他唱歌的时候很动情：“我的好姑娘，你嫁给我吧。”热情洋溢的歌声感染着大家，他纯净的眸子里闪着光，亮晶晶的。

边玛还很热情地邀请大家到他的家乡——风景秀美的泸沽湖畔去玩，他说这个神秘的女儿国有着美丽的传说、独特的走婚习俗、原始的男女共浴、神秘的花楼、神圣的火塘、古朴的节日以及多种原始生活习俗，就像世外桃源。他说：“如果有一天，你们想到泸沽湖玩，一定要找我。我会带你们住在我家里，用好酒好菜招待你们，让你们好好体验一下我们摩梭人的生活习俗。”边玛真诚的话语，纯真的眼神，让我相信他的邀请是发自内心的。他有着摩梭人淳朴、热情的品质，有着金子般纯净美好的心灵。他们信仰宗教，相信真善美，在他们的眼里一切都很美好。

# 茶马古道

没来云南之前就听说了关于茶马古道的传说。这个千百年来古人开创的茶马古道，有多少马帮，为了生计，长年奔波在这条古道上，开创了通向世界的商贸之旅。

茶马古道，顾名思义：茶，茶叶；马，马匹；古道，远古的道路，驮运茶叶的马帮经走的线路。以马为主要交通工具的民间国际商贸通道，茶马古道是一个非常特殊的地域称谓，如果没有这条古道，很难想象云南的普洱茶，如何能走向世界。如今，公路取代了古道，然而这条远离闹市的古道，仍然撼人心魄，成为再现历史最直接的版本。

车子在一个不大的很天然的停车场停下。导游把我们带到了当地的马场，里面大大小小的马有三四十匹，马非一色，枣红的，棕黄的，紫褐的，油黑的……应有尽有，就是没有我想要的白龙马。曾经做着女侠梦，幻想着有一天，自己着一身红衣，骑着白马，纵横驰骋在美丽的大草原，蓝天白云、衣袂飘飘……

如今真的骑上了马，对于生长在内地，从来没有骑过马的我，既好奇又紧张。我没挑到白色的马，这时穿着纳西族服装的胖金妹笑咪咪地迎了上来，说她家那匹棕栗色的小马温柔，适合我。在胖金妹的帮助下，我跨上了马背，心里兴奋也有些紧张。轻轻地摸摸马背后那板栗色的棕毛，稳稳地坐着，拉着缰绳，领头大伯牵着一匹高大的黑马走在前，他一声吆喝，一排马队出发了。大伯哼着民间小调，我们骑在马背上悠闲自在，马脖子上的铃铛响声，伴随着我们过马路，穿街巷，爬山坡，走进了我向往已久的茶马古道。原以为骑马走茶马古道，也就二三十分钟的路程，过过瘾就是了。谁知这一骑就是九十分钟。山路崎岖，羊肠小道，马在这些道上艰难地行走，我一边欣赏着沿路的风景，一边担心马儿会不会一不小心马失前蹄，把我从背上摔下来。我骑的这匹小马还没到两岁，有点任性，又没人牵着，它比不上老马任劳任怨。它贪玩，常常走着走着就停下来吃草，或者停下来喝水，弄得我在马背上提心吊胆，心惊胆战。同行的友人却不亦乐乎，骑在马背上，唱着歌儿，拍着照，一路上欢声笑语，很是开心。

沿着崎岖的羊肠小道，在凸凹不平的道路上行走，马帮驼铃声从远远的古道传来，悠扬中带着几分苍凉。坐在马背上，体会一下当年马帮通往西域的路途艰辛。看一路山色，黛色如青中掺杂着几抹嫣红，几丝鹅黄。天高云淡，碧空万里。拉什海犹如九天滑落的一块碧玉，蓝得通透，旖旎迷人。

弯弯曲曲的石板路，路面狭窄。特别是爬坡的时候，马一步一步吃力而艰辛的样子，让我想到千百年前，马帮为了把货物运送出去，行走在茶马古道上，我仿佛听到了“得得”的马蹄声，闻到了悠悠茶叶清香。想起了成千上万辛勤的马帮。他们日复一日，年复一年艰难行走在这坎坷的山路上，他们用清脆的铃声和奔波的马蹄声打破了千百年山林深谷的宁静，开辟了一条走出普洱，通往域外的经贸之路。马帮每次踏上征程，就是一次生与死的体验之旅。茶马古道的艰险超乎寻常，他们凭借自己的刚毅、勇敢和智慧，用心血和汗水浇灌了一条通往茶马古道的生存之路、探险之路和人生之路。

如今，走在几千年前古人开创的茶马古道上，成群结队的马帮不见踪影，然而，马帮、古道、赶马人，就这样鲜活地留在了人们的记忆中，茶马古道——将被人们永远地传说下去。

“天雨流芳”，这是纳西语，是读书的意思。我相信，人类的文明，茶马古道的历史意义，以及勤劳朴实的纳西人所留下的宝贵精神，可以流芳百世，与天雨同在。他们的精神财富，还有更多美好的东西值得人们去追寻。

# 敬畏黄河

收到中国金融作家协会寄来的邀请函，邀请我参加在郑州举办的文学创作培训班。难得有这样一次学习的机会，把手头的事情处理一下，就踏上了开往郑州的火车。

没到过郑州，但对这个城市我并不陌生。因为文学，我一直对这个城市有着一种无限的亲切和向往。

作家范小青说，一座城的灵魂是它的文脉。这个城市有全国著名的《小小说选刊》和《百花园》杂志，是小小说的发源地。这两本杂志，让这个城市的文化底蕴更加深厚。

前去报到时，我头天晚上就从徐州坐上火车，早上四点钟就到了郑州站。下车的时候才发现和我坐同一列火车的还有盐城的两位文友。为了一个共同的梦想，我们不期而遇来到了同一座城。吃过早饭，我们相约一同去看黄河。

黄河，既是一条源远流长、波澜壮阔的自然河，又是一条孕育中华民族灿烂文明的母亲河。作为黄河流域的腹地，黄河中下游的交界处，郑州以其悠久的历史、灿烂的文化，在黄河文明中居于中心地位。不仅黄河文明起源与之密切相连，而且黄河文明中心地位的建立亦与之息息相关。

我一直敬畏黄河，敬畏着黄河岸边世代繁衍生息的人民群众，更敬畏黄河的精神。“善淤，善决，善徙”，我们中华民族身上也都打上了深深的烙印。

黄河被称之为母亲河，黄河孕育了中华文明，黄河哺育了中华儿女，那神奇博大之爱，让我们中华民族的子子孙孙一同走来。黄河，那绵绵不绝的流淌，那神奇的血脉，让我们与黄河融为一体。

此次有幸来朝拜，更多的是对她精神的敬畏。

“君不见黄河之水天上来，奔流到海不复回”，“九曲黄河万里沙，浪淘风簸自天涯”。早在读书的时候，就对描写黄河的诗句耳熟能详，那些流传千古的著名诗句就已经深深印在我的脑海里。所以一到郑州，我立即萌发了一种想要一睹黄河风采的渴望和冲动。

那天去看黄河，正值夏日，蓝天碧水，晴空万里，远远望去，烟波浩渺，水天一色。

一直以为黄河是浪涛滚滚，波澜壮阔，浩浩荡荡流向天际，然而我所看到的黄河却是如此平静而清澈。河水以极慢的速度向西北流淌，明镜般的河面上，倒映着深蓝的天、雪白的云。远处峻拔的山峦绵延起伏，似乎已经触摸到了天边涌动的白云。平缓的河滩连接着一望无际的黄河，给郑州镶上了一条长长的金色飘带。远远望去，大雁、野鸭和许多不知名的水鸟在芦苇丛中时隐时现，自由自在，任凭凉风吹佛，大河东流。细细一想，还颇有几分“鹭落霜洲，雁横烟渚，分明画出秋色”的意境。

黄河给人的印象是宽广、博大和辽阔。如果把黄河看作天地间的一个灵魂，它一定是坚毅的，它永远朝着既定的目标，不屈不挠地向前奔流，没有任何力量能够黄河入海。如果把黄河看作天地间的一条生命，它又是坦然的，它不会隐藏自己的性格，它会直率坦露自己的喜怒哀乐，用九十九条曲线表现自己特有的美丽。

站在岸边，面前的黄河弯弯曲曲，见证着天地自然岁月的痕迹，还有着沉重历史的沧桑，以其独有的魅力吸引着一代又一代文人骚客为她讴歌。黄河，哺育了一代又一代的中原儿女！

远观黄河，我感受到，黄河是静谧、安详、沉稳的，犹如我们默默无闻，操劳一生的母亲，在为儿女奉献自己的一切。而当我走下河堤，真正亲近黄河，触摸黄河时，又才知道那沉稳的外表下面，藏着的是激荡的暗流。原来我们的母亲河并非都是沉静的，她外柔内刚，只有接近，才深切感受到那种“静水流深”的真谛。

黄河的雄浑和坚毅透露出一种天地间静穆而自在的气息。那是一种能孕育生命，激发活力，安妥灵魂的气息；也是一种令人顶礼膜拜的气息，如巍巍昆仑、苍苍林海和茫茫草原一样独具魅力！

走近黄河，触摸黄河，望着黄河之水滔滔不断地流向远方。听，一种声音在吟唱，一种声音在诉说，已将我的身心完全带进了母亲的怀抱！

黄河，我伟大的母亲！

# 窑湾古镇里的慢生活

从沭阳至新沂窑湾也就一百公里左右，开车一个小时就到达窑湾古镇。自幼出生在苏北农村，只知道江南美景多，古镇多，对乌镇、西塘、同里、周庄这些古镇大都耳熟能详，这些古镇人文荟萃、历史悠久，名气都很响，古老的房子、低矮的房檐、木质的门窗、雕花的乌篷船、圆拱石桥，园林景观，漫步在小桥流水的古镇，随人流慢慢地走，看着两边古色古香的建筑，到处是入景入画，天上人间，物我两忘。

说起窑湾，虽近在咫尺，我却对它知之甚少，这似乎是一个被遗忘的古镇。在一个暮春的周末，我们来到了窑湾古镇。青砖黛瓦，小桥流水，深灰色建筑，显出小镇的沉寂、静谧、古朴。清清的河水绕镇而流，不疾不徐，就像小镇里的人一样悠闲，或静静坐在门前，望着过往的行人发呆，或低声细语，缓缓踱步，仿佛怕惊扰了小镇的安宁。青石板铺成的小路，路面不宽，路两旁是林立的商铺，房屋是古老的，因为年代久远，房室上的瓦片布满青苔，这些青苔看似卑微，却又柔韧，恰好缝补了房室的缝隙，和青砖石头浑然一体，一起走过风雨，一起见证岁月。

窑湾古镇地处徐州新沂市西南角，素有“鸡鸣三县”之说，与宿迁一水相连，地处大运河与骆马湖交汇点，汤汤运河水至此拐了个弧形大弯，也许这也是窑湾名字的由来。古镇有多古，那棵一千多年的老槐树可以作证，据说在唐代就建镇了，至今已有一千三百多年，很有历史呢，但真正繁荣起来却是明清。

窑湾古镇始建于唐朝初期，随着明清漕运和盐业的兴盛，依托水运的优势，窑湾逐渐发展成为京杭大运河上的重要码头和商业重镇。往来船只南达苏杭，北抵京津，工商贸易曾昌盛一时。方圆百里的农副产品大都集中在窑湾装船远运；从南方水运过来的棉布丝绸、火柴煤油、食品卷烟等生活品，也多在窑湾卸船后转销各地。

小镇设立了山西、福建、江西等八省会馆以及英法美意等十国商务代办处，还建有西洋风格的教堂。因而现在遗留或复建的建筑样式众多，有北方的粗犷，也有南方建筑的秀丽，甚至也不乏西方风格的小洋楼。当年众多行商坐贾聚集于此，使得窑湾古镇熙熙攘攘空前繁荣，以致赢得了“小上海”称号。

今日窑湾，运河岸边有座充满典型异域风格哥特式的天主教堂，欧式的建筑别具一格，让这座古老的小镇增添了神秘的色彩。漫步在窑湾古镇，邮局、钱庄、当铺、酒厂、博物馆，随处可见当年这些遗留下来的古建筑，就可以想象，当年这个小镇是如何商贾云集，人头攒动。

沿老街一路前行，我们来到了吴家大院。吴家大院始建于清康熙年间，距今已有三百多年历史，是窑湾古镇中保存最为完整的宅院，也是古镇的主要景点之一。吴家原籍福建，主要靠经营烟丝发家，当时拥有房屋五百余间，共有五处产业，拥有资产折合白银三十余万两，号称“吴半街”。吴家大院沿袭了南方沿海的建筑风格，房屋构造全部采用明式的砖木结构，具有防台风防暴雨防偷盗的功能。墙基比较厚实，具有防寒避暑的作用。吴家因是窑湾大户，房屋高低自是讲究。整体院落前高后低，这样出门的时候就要向上迈，也就喻示着步步高升。

参观完吴家大院，我们来到甜油坊。甜油是古镇的一大特产，这本地手工酿制的调味品，类似于酱油，用于做菜调味儿，鲜赛鸡汤。走进作坊，放眼望去，数百只尖顶竹笠盖着一口口陶瓦缸，阵阵醇香扑面而来。一位穿着靛蓝色外套的布衣老人穿行其中，掀开竹笠查看缸内发酵酱的时候，动作却很缓慢，仿佛在做一件极其重大的事。问及甜油的做法，她说这是祖辈留下的手艺，要晒足六个月呢。老人转身时看看我，冲我笑了笑，满是皱纹的脸浸润着安宁。

到底是古镇，除去三三两两的游人，大多数的时候，古镇是安静的，住在里面的人，他们满足于过那种安居闲适的日子。

在当今这个浮躁的社会，能有这么一个地方，让自己放慢脚步，过着悠闲舒适的慢生活，抛开生活与工作的烦恼，与大自然交融，做最真实的自己，也是一种洒脱的人生。

# 神秘的玉龙雪山

没来云南之前，早听说过玉龙雪山。这个神秘圣洁的雪山，有许多美丽的传说，感人的故事。这个离天堂最近的地方，是世间难得的净土，令人心驰神往。

从丽江古城的柔软旖旎里出来，车行在弯弯绕绕的山路上，经过甘海子、白水河，绕着弯弯山道盘旋而上。经两个小时的车程，终于抵达云杉坪索道站。下车后顿觉一股寒意袭来，耳际开始涨痛，心跳开始加速，我明显感受到了高原空气的缺氧，我问导游要不要买氧气瓶，导游说车上有备用的，但一般都用不着，只要放松心态，不会有太大的高原反应。随着缆车的直线上升，我感觉头还是有点晕，不知是缆车颠簸的缘故，还是真正的高原反应，也许是紧张，有那么一点点不舒服。

坐着缆车来到山顶，踏着一条蜿蜒曲折的木板栈道，我们走进了一片苍郁的林莽。四周是茂密的杉树林，古木参天，萋草丰美，野花缤纷。一棵棵粗大的老树上长满了绿茵茵的青苔，在铺满落叶的松软林地上，到处是倒下的朽木，给人一种古老、原始的感觉。穿过杉树林，眼前出现好大一块开阔地。正是秋冬之交，自然天成的云杉坪草甸像是铺着一块浅黄色的大地毯，有三三两两的牦牛、山羊在草坪上安详地吃草散步，仿佛世外桃源。山顶上铺满厚厚的积雪，云雾缭绕，变化无常，更增添了玉龙雪山的雄奇与神秘。

玉龙雪山下有草地、森林、牧场、山川、田园……简直就是一幅油画，这是大自然的杰作。玉龙雪山上，一切尘世的喧嚣与自己无关，这是让人心灵回归的地方。正当我沉浸在这遐想中，忽然大山深处传来歌声，循着歌声发现远处的山里，一个个身着纳西族服装的青年男女唱起了歌。歌声高一阵，低一阵，穿过杉林，飞向白雪皑皑的大雪山，真是“此曲只应天上有”。纯真朴实的歌声让你心动，也让人联想到这里流传着的一个美丽凄婉的爱情故事。玉龙雪山是纳西人的圣山，也是纳西人的情殇之山。相传在很久以前，有一对相恋已久的恋人，但因为双方父母的干涉而不能在一起，他们便选择了玉龙雪山，相拥跳崖。从此之后，有很多的相爱男女遭受家族反对之后都会在这里殉情。因此玉龙雪山自古有“殉情之都”“爱情圣地”的美称。

殉情的故事只是一个传说，我相信，这个世上，坚贞的爱情，就如同玉龙雪山上的雪一样洁白，纯净，晶莹剔透。

我相信，这个世上，有美好在，有爱情在。

# 夜读竹泉村

竹泉村，一个有着灵魂的山村。

第一眼，我便读到了这个村庄的静谧与祥和，我喜欢它的纯朴与宁静。置身竹林深处，依山傍水，丝丝竹音缠绕，环绕于绿水青山之间，宛如人间仙境。

那一晚，我们便住宿在竹泉村。

竹泉村，顾名思义，村中有一泉，因水边多竹，故名为竹泉。据说，竹泉村有着四百年的悠久历史，早在元明时期叫泉上庄，清朝乾隆年间改名竹泉村。

四月的天气，天黑得比较迟。当夕阳慢慢消逝的时候，黑夜拉开帷幕。

竹泉村的夜是静谧的。竹林深处，偶尔传来细微之声，那更多的是蟋蟀、蜈蚣、老鼠之类的动物无意间制造出来的，是行走在竹林间碰触到竹叶或草木发出的声音。

夜色中的竹泉村，四周竹林缠绕，竹林深处泉水叮咚。在这寂静的夜，走在石板路上，伸手可触摸到充盈诗意的小桥流水。

德国诗人荷尔德林说：人，诗意地栖居在大地上。诗意地栖居，貌似只是一种诗意的向往，诗意的等待。其实，住在竹泉村，品读这个极具灵气的小村，山丘、石屋、茅草房、小栅栏、古作坊……一切纯朴自然。比起那些现代人工景观，心里充满了感动，感受到这里的人们敬畏自然，传承历史、文化。过着“衣帛丰足，怡然自乐，寄情山水，远离尘世”的生活。好一派山水田园风光，景色完全可以与陶渊明的桃花源媲美。

我沿着一座拱形桥漫步。沿河两岸，村落点点，一船一灯，倒映水中，摇曳飘忽，时明时灭，闪闪烁烁，景色绮丽，别有洞天。

在忽明忽暗的灯光里，沿着竹林小路往前走。两边都是低矮的房子，灰墙黛瓦，而且不是单独的一间，房子后面还有房子。令人想起北京的胡同、上海的弄堂，亦深亦浅。这些房子都因岁月而老旧了，斑驳陆离，有的木窗都掉落了，用白色的塑料布遮挡。许多人家的房门虚掩着，静悄悄，恬静而安适。即使贸然闯进一户农家，他们也会报以善意的微笑。这里的安静，似乎与外面喧嚣的世界格格不入。

路两旁的房子层层叠叠，错落有致，蜿蜒起伏。古朴的乡村小院，清一色的青砖黛瓦。这里的布局很简单，在竹林的掩映下，一家一户一个小院，院里栽着各种各样的果树；屋檐上挂着玉米棒子、大蒜、辣椒串；院中摆放着石磨、草帘、耕耙、灶台等乡村特有的景物。每一处乡村别院都独具匠心，水乳交融，融于自然。

生活在这里的人，一定都健康长寿！一位同行的盐城朋友开玩笑地对我说。苍松翠竹，郁郁葱葱，蛙鸣鸟唱，蟋蟀啁啾。信步游走，风吹过竹林发出的天籁之音，余音袅袅。我深深地呼吸，贪恋乡村夜晚清新的空气，仿佛找到久违的清明和安静。

一个人漫步在鹅卵石铺成的小道上，徐徐凉风拂面而来。我敞开双臂，体会着从未体会过的开阔和凉爽。仰望夜空，繁星密布，这是在城市里永远也看不到的。一切都是那么地和谐与安宁，让人的心魔力般地平静下来，然后便轻而易举地亲切起来，我仿佛见到了多年老友，对彼此的喜好心照不宣。于是，我闭上眼，开始用心与它进行更深层次的交谈——我仿佛读到了星星的夜语、微风的关怀；看到了草木极具生命力的成长，伴随着根上甜甜的泥土，散发出阵阵清香。

就这么一个夜晚，静静地走过一座座小桥，穿过一丛丛竹林，品读这个静谧的村庄。夜深了，凉意渐浓，同行的人催促该回去了。我还是亦步亦趋，一步一回头。我知道，这一别，又是经年。

# 相聚七夕

农历七月初七，一个被人间赋予了传奇色彩的节日，也是一个现代人浪漫温情的日子。

千百年来，传说中的牛郎织女要在这天晚上见面，喜鹊衔泥为他们搭鹊桥。在夜深人静的时候，葡萄架下可以听见他们相见时说话的声音，感受他们那份久别重逢的欣喜和欢愉。

记忆中，好像每年的七夕，都没有什么与众不同。七夕，是中国人自己的情人节。情人节，对于有情人来说，是一个与众不同的日子，温馨浪漫，鲜花、红酒、巧克力。而对我这样凡俗的女子来说，普通得不能再普通了，一样的柴米油盐，一样的人间烟火。一年一年，已经习惯了没有什么不同。

今年七夕前，收到中国金融作家协会寄来的邀请函，邀请我参加协会在郑州举办的文学创作培训班。于是来自天南海北、五湖四海的文友七夕相聚在郑州。在这个特别的日子里，因为文学我们来这里相会。

七夕那天，郑州城像下了火似的，热情得有点过分，气温高达37℃。尽管天气炎热，因为有一个共同的理想，大家相聚在一起，有说不出的开心。

这次学习时间安排得很紧，结束一天的课程已经是晚上9点多了。正去往宾馆的路上，“嘟嘟……”包里的手机响了，电话里传来盐城文友的声音，在哪了？出来聚聚啊？难得有缘在郑州相聚，今天又是个特殊的日子，我们江苏几个文友好好聊聊。我高兴地答应了。

到底是个不同寻常的日子，走在大街上，到处是流光溢彩，发现所有花店里的玫瑰都绽放出不同寻常的妩媚与娇艳。在这个特殊的节日里，那些玫瑰所绽放的是一种与爱情有关的气息。而我们相约与爱情无关。

我们一行十人来到了花园路一家小饭店。饭店门面不大，但环境幽雅，窗明几净。我们到的时候已经是晚上十点多，饭店已经没有其他客人了。我们挑了一个包间，气氛很快热烈起来。我们品着茶，谈文学，谈人生，尽管大家都是第一次见面。因为文学让大家心灵相通，志趣相投。我们一群爱好文学的人，在千里之外的异乡，因为文学走到了一起。一切是那么自然，那么随意，一点都没有陌生感。感觉就好像是几十年前的好友相聚在一起，把酒言欢，开怀畅饮。我们大声说话，大碗喝酒，大声讨论，会因为一部作品，甚至一句话争论不休。平时一向都很矜持的女子，儒雅的谦谦君子，今天都褪下了温文尔雅的外套，尽情地喝酒、唱歌。因为在七夕这样一个特殊的日子，一个文友还即兴朗诵了一首爱情诗，博得掌声如潮。

整个晚上，气氛都很热烈，快快乐乐，大家热烈地聊着文字，有着说不完的话题。空气中弥漫着温馨，百合花一样地幽幽吐芽。

不知不觉时间已经过了子时，大家还意犹未尽。想着明天还要上课，该到分别的时候了，就一个个地问候，一个个地道别，我们都很高兴。一年一度情人节，千年一遇在他乡，大家都很珍惜。

这世界，所有的相遇，原都是不定数的，谁能够拥有永久？我们短暂的相逢，这是上苍的安排，是今世注定的缘分，百年修得“一聚首”，这就足够了。生命本就是一场漂泊的漫旅，走过的每一个地方，遇到的每一个人，也许都将成为人生中的驿站，成为红尘中的过客！

人生如梦，岁月如歌，我们每一个人都是生命的过客。能相遇本身就是一种缘分，也许这一别就是经年，但人生总要留下一些回忆，回忆这个美好的夜晚。大家相聚在一起，很纯粹，以后回忆起来将会念念不忘，拥有一份淡淡的芳香。这就是我想要的！

这个七夕，给了我浪漫，给了我感动，给了我许多许多美好的回忆。记住这个美好的晚上，记住这个美丽的节日！

亲爱的文友，下一个七夕，我们是否还会再相聚？

# 艳遇丽江

早就听说云南有一个风情万种的地方叫丽江。在一段温柔的时光里，告别喧嚣的城市，走进这座神往已久的浪漫之都。踏进丽江古城的一瞬间，我的内心一片纯净。

丽江古城历史悠久，古朴自然。走进丽江铺满青石板的小道，粉墙黛瓦，飞檐翘角，木质的窗，古色古香。城市布局错落有致，依山傍水，清隽灵秀。徜徉在古镇，蜿蜒的青石小巷，布满了青苔，斑驳的墙体，诉说着历史的沧桑。或许每一块青石板下都藏着一个遥远而神秘的故事吧。

拱桥、流水、飞檐翘角，这已是行走的最好写意。转过一条街道，一个弧形的石桥，涓涓的水流。河边有不少人什么也不做，望着河水静静地发呆。两个纳西族的老妇人，穿着靛蓝的衣裙，脖子上挂着个好大的银项圈，她们在小河洗浣衣服，脸上的表情，平静而满足。

丽江的街道两旁，到处都是古老斑驳的明清建筑。纳西族的老人在老屋斑驳的门槛上闲坐着，目光平淡而宁静，一副人淡如菊的从容。正是这种天高云远、处世不惊的态度，吸引着外地游客到这里就不想走了，有人专门来此居住下来。

我顺着水走，这里客栈多，多是古色古香，诗意盎然，什么等你、西风瘦马、雪月风花、转角遇到爱、一米阳光，名字都富有浪漫气息，据说都是外地人来此开的。外地人来此旅游，到了这里，爱上了，不愿意走了，就在这里住下来。租了当地人的房子，开了客栈或店铺。路边的店铺都在营业，却都没有刻意招揽顾客。店里的人要么专心做自己的事，要么独自一个人坐在那里发呆。

慢慢走在石板路上，到处都是充满诗意的小桥流水。欣赏着充满民族风情的商品，街上的店铺里，多是卖银器的。十块钱可以买副银手镯，五块钱可以买枚银戒指。从没见过那么多的银饰，琳琅满目，在阳光下熠熠闪光，明晃晃的。还有什么银筷子、银碗、银杯子，银的东西到处都是，不愧为产银的地方。我买了一大堆的银饰，脖子上挂着、手腕上带着，身上佩着，走在丽江小巷里，我仿佛也成纳西族的人了。

走累了，随便进入一家叫“偶遇”的茶吧。茶吧不大，却很精致，桌上摆着新鲜的水果，几张桌子、几把藤椅，音响里播放着一些老歌，极其符合我的心境。也许年龄关系吧，我喜欢怀旧的东西，一首老歌可以单曲循环到心碎。一位清清爽爽的女子含笑招呼我，给我泡了一杯菊花茶。有多久不曾享受这样的静谧时光，有多久不曾让自己的心沉静下来。想起丽江很多客栈门口的牌子上写着“听音乐、看书、聊天、发呆……”多么美好的生活，这不正是我梦寐以求的吗？发呆，可以安安静静地发呆何尝不是一种幸福。

在丽江，到处看见发呆的人。有坐在小桥上，什么也不做的。只望着天边的夕阳发呆，阳光洒在他们脸上，波光碎影。更多的是坐在酒吧里发呆，要一杯红酒，听着音乐。看着窗外，脸上的表情，平静而满足。

夜晚的丽江，是华丽而多情的。夜色永远是那么迷人，处处充满着浪漫的气息。晚饭后，我们几个文友结伴而行，怀着一份好奇与向往，奔向古城。天，还没有完全黑下来，而此刻的古城却已华灯初绽了。一串串的大红灯笼，把古城妆扮成了童话般的仙境，我们徜徉在古城迷离的夜色之中。

四方街的广场上燃起了熊熊篝火。身穿纳西服装的东道主，在乐曲声中与来自全国各地的游人手拉手载歌载舞，热烈的气氛吸引着不断加入的人们。我虽不会跳舞，依然不由自主地加入人群，凑凑热闹。人们面带微笑，欢快起舞。

有这样一句话，到丽江旅游，不到丽江古城酒吧去坐坐，就不算到过丽江。这里的酒吧和咖啡馆，不同于都市的富丽堂皇，保留了纳西人淳朴粗犷的风格，建筑结构大多是半开放式的。门口站立的少女身着各式的民族服饰，热情地招呼着过往的游客，大厅内举办着各式各样的表演节目，可谓精彩纷呈。

我们走进一家叫浪漫小屋的酒吧，灯光忽明忽暗，忧郁的音乐缭绕在这木制结构的屋子里。一个手握吉他的帅哥，在唱着一首缠绵忧郁的歌，低沉婉转。黑色的风衣，披肩的长发，使那张青春的脸充满了艺术气息。心不在焉地听着飘进耳朵的忧郁。喝着丽江本地的啤酒，品味歌手自弹自唱的歌曲，一曲终了。虽然歌词模糊不清，却体会到酒吧里的空气到处都是暧昧，酒吧角落里一对对情侣，温情脉脉、卿卿我我，你浓我浓，令人浮想联翩。有人说丽江是一个艳遇之都。丽江的夜晚充满着浪漫、充满着疯狂、充满着诱惑。在这样的夜晚，想放纵自己轻而易举。

德国作家黑塞说：旅行就是艳遇。于旅行中的艳遇，一千个人有一千种想象。显然无论从哪一点来说，丽江这个古城都占据了天时地利人和。丽江，被称为艳遇之都。进入丽江，就像进入了爱情天堂。对于爱情来说，丽江像是一个梦境，却又是一种真切、可以体验的现实。来丽江艳遇，除了艳遇帅哥美女，还可以艳遇山，艳遇水，艳遇自己。丽江的浪漫，她带给我一种全新的感受。在这里，也只有在这里我才可以任意挥霍我的时间。过往的种种快乐或悲伤都已不复存在，在丽江古镇的柔软时光里我渐渐沉醉。过去的四十年似乎都不真实，只有今天才有了真实的自己，才有了真实的生活。

我们要了几瓶啤酒，一边闲谈一边举杯，聊着丽江的风土人情，在酒吧里小酌，总算不枉丽江之行。

夜色更浓时，我们一行人离开酒吧一条街。古城灯火依然阑珊，人们酒兴正浓，仿佛夜生活才刚刚开始。在走回住处的途中，看着一对对在小河边散步的情侣，丽江的冬夜变得更加温柔，缱绻。

回来的路上，文友打趣说，这一晚上，我们谁也没有艳遇。

我们都笑了。艳遇，一个让人比较容易充满幻想的词，尤其在丽江古城这个浪漫的地方，这个词似乎显得尤为适宜。然而，当我踏上青石板小路的那一刻起，我就时时处处在艳遇着。这里的蓝天白云、小桥流水、月明风清、百花飘香、瓜果遍地，这里的溪水木屋、风土人情，甚至是一座桥、一个古巷，在我初次见到它们的时候，就已撞击着我的心灵。我想，艳遇，就是这样的一种心动。

# 春天的声音

今天的天气真好，风，轻轻的，吹在人身上，很是舒服。下了班，太阳还明晃晃的，到底是春天，天是越来越长了。和女儿来到了离家不远的公园，公园里的小草像铺了一层绿地毯，绿绒绒的，踩上去，软绵绵的，像绸缎。我和女儿坐在这草坪上晒太阳，女儿突然问我，妈妈，春天来了么？看着女儿昂着头，小小的鼻尖上沁着细细的汗珠，红扑扑的小脸在春风里像一朵绽开的小花蕊。我笑着说，是的，春天来了。

春天是什么时候来的？女儿好奇地问我。

春天不是早就来了么，在你过年换上新衣服的时候，在你看到公园里有小朋友放风筝的时候。当隔壁的姐姐用柳条做成柳哨，呜呜吹的时候，春天就已经来了。

女儿似懂非懂，若有所思地说，妈妈，春天有声音吗？

我说，有啊，你听，在枝头，是花朵；在天空，是花团锦簇的云彩；在河流，是粼粼开放的浪花；甚至，在土地，是铁犁犁过后如花绽放的泥土。

这就是春天，桃红柳绿的春天，草长莺飞的春天。万物复苏，始自第一声春雷的轰鸣，也始自惊蛰后第一只咬破洞穴，爬出地面的蚂蚁。于是花朵绽放枝头，蝴蝶采粉，蜜蜂酿蜜，一个争奇斗艳的季节，一个百物争宠的季节。露珠睡在叶儿上，是唤醒每个晨曦的使者。

春天还是个害羞的小姑娘，她的声音很小，是一片、一丛、一朵花开放的声音。

“妈妈，妈妈，”女儿声音里带着喜悦，“我听到春天的声音了！你听，屋顶上那鸽子咕咕鸣叫的声音，风吹动窗帘的声音，蓝天上那悠扬的鸽哨的声音。还有，还有我们幼儿园小朋友唱歌的声音。”乖巧聪明的女儿，伶俐可爱的女儿，很快就找到了答案。

我笑了，女儿也笑了。她拍着小手，清澈的眸子仿佛早已洞悉了这春天的秘密。此刻，我闭上眼睛，听到春天的声音正从我的内心逶迤而出，由近及远。忽然，“啪啦”一声，听到远处有一朵花儿幽幽地开放。长久以来，躁动的心，忽然间在春天的声音里安静下来，这就是春天，正弹奏着春天的旋律。

# 婉约扬州

每个人心里都有一座城市，因为仰慕，她一直生根在你心里。于我，扬州如宋词一样婉约着。长在心灵的最深处，且一直繁花似锦，嫣红姹紫。

在丹桂飘香的十月，在一段温柔的时光里，告别喧嚣城市，来到我梦中的扬州。

来到这片文人的圣地，心中有着朝圣般的虔诚。

坐上夜里的火车，次日清晨便到了扬州站，这时的扬州城还没有完全醒过来。天空灰蒙蒙地飘着雨，或许是欢迎远方客人的见面雨吧，洗去我一路的尘埃。幸好临行前，我带着一把伞，本备防晒用的，这时候派上了用场。

我打着雨伞站在站台上，浏览扬州城。这个我想象了无数次的城市，天空灰蒙蒙地飘着细雨，给人的印象首先是宁静的，是清新的，是多情的，是带着淡如轻纱般忧愁的梦里水乡。一步一步走进这小巷，走进古典的意境，走向撑着油纸伞的佳人。

我曾无数次想象过扬州的画面：一个从唐诗宋词里走来的婉约女子，彳亍在小巷中，走在青砖铺成的小路上，浪漫而古典。气质内敛，举手投足之间都透露出优雅、沉静。微微颔首低头，迈着细碎的莲步款款而行……扬州，这个烟雨蒙蒙的城市，有着梦幻一般的感觉，妩媚娇柔、缠绵缱绻。

扬州，历来就风光秀美、人文荟萃。唐、宋时期的扬州，是江南最繁华的地方，也是最奢靡的地方。古人言“腰缠十万贯，骑鹤下扬州”是为一大侈求。

古人“下扬州”应该是乘船而去的。乘船而下，顺着长江往东而去，于是便可以看到那“孤帆远影碧空尽，惟见长江天际流”的壮观场景。

去扬州有一个不能不去的地方，这就是瘦西湖。很早就听说过扬州瘦西湖的景色美不胜收。乾隆皇帝六下江南，每次都到瘦西湖游览，更给瘦西湖增加了一层神秘的色彩。据说瘦西湖名声大噪的原因与“瘦”有关，“天下西湖，三十有六”，唯扬州的西湖，以其清秀婉丽的风姿独异诸湖，恰恰是占得了一个“瘦”字。看来风景也是瘦了的好，如骨感的女子。

瘦西湖有二十四景，诸如长堤春柳、湖心钓台、白塔晴云、四桥烟雨等，就像二十四颗明珠，镶嵌在瘦西湖这根玉带上。跟着导游一路快走，如画的风景在眼旁一幕幕地闪过，真有些目不暇接的感觉。

“青山隐隐水迢迢，秋尽江南草未凋。二十四桥明月夜，玉人何处教吹箫。”二十四桥美名见于唐朝杜牧的那首流传千古的诗。有关二十四桥的名字和故事来源说法很多，最令人信服的说法出于《扬州鼓吹词》：“是桥因古之二十四美人吹箫于此，故名”。原来，古时的二十四桥是夜晚赏月听箫的绝佳去处。

漫步扬州街头，这座城市虽称不上最大、最繁华，但是她极具特色和魅力。青砖、黛瓦、拱桥、流水，这已是行走的最好写意。我异常钟情这样的风景，感觉似一缕清风，能捋下我在尘世沾染的一身风尘。

阳光丝丝点点滴漏到埠头的石阶上，扬起了一阵尘埃。停泊的乌篷船上，有几位老人坐在船头，微微闭眼，有一搭没一搭地说着话，抽着旱烟，悠然地坐在光阴里，听潺潺流水和盈盈笑声。我听见时间的流逝，看见我未来的苍老。

我在河面上轻轻划着游船，倒影下的拱桥和两边的板石发出幽绿的色彩，像泼墨山水画在画家的手中徐徐展开。岸上从小巷里面走出的撑着花布伞的年轻女子，穿过窄窄的小巷，走过小小的拱桥，微微害羞地低头，从我的船边经过，这样的美景，多少次在梦中出现，我不禁陶醉起来。

热闹的都市生活往往呈现的是生活快速、奔波、忙碌的一面，而在扬州所呈现的则是恬淡、安详的一面。

我没有按图索骥，而是随心、随意地行走。我所遇见的小巷、石阶、乌篷船、老人、女子都在我的计划之外。这种行走态度，也许最契合扬州城的安详与静谧。

梦里扬州，总有说不尽的柔美。在我心里，在我笔下，那月、那水、那桥、那景，那弥漫的风情与淡泊与宁静。正因如此，这座安静的城市，生活在这座城市里的人，过着恬淡安适的生活。

走在街上，随处可见那些提着鸟笼溜鸟的大叔大伯，那些慵懒的猫、狗，出没于小巷陌阡，巷口或院子角落处，几只母鸡懒洋洋地晒着太阳，理着羽毛。见我入内，它们突然调皮地刨起土来，并时不时嘎嘎大叫。小院里到处晾晒着一串串红红的大椒、金黄色的玉米，腌制的咸菜、豆角、糯米。这是一种生活，更是一种风情。

傍晚，一个人静静地坐在古运河边，看夕阳归山，渔舟唱晚，不需要更多的言语，只需要凝视，只需要融入。掬一捧清清的河水，喝上一口，顿觉全身了无一点杂质，通灵剔透起来，心也被染成水一般的颜色，近于一种童稚般的透明。

耳畔丝竹悠扬，眼见红花绿树，琼柳连绵；徜徉于运河岸边，碧空如洗，清风拂面，繁花如云，孤帆点点，如诗如画。此刻真愿意沉浸于江南的梦里，永远也不愿醒来。

# 春在枝头已十分

春风是什么时候吹起来的。起初，早上出门，风轻柔柔的，抚到人脸上，已经没有了微凉，而是暖洋洋的。在环城河边漫步，柳是率先绿的，春风吹过，河边安睡一冬的柳条，开始醒过来，身上爬满米粒般的绿。只几天工夫，就万条垂下绿丝绦。

看到柳，我想起了那著名的诗句："不知细叶谁裁出，二月春风似剪刀。"把春风比喻成剪刀，极形象。春风仿佛是带了颜色的手掌，抚到哪里，哪里都绿了。

沿着环城河边慢慢走着，河岸上三步一柳，五步一桃，相映成趣。柳是最先感知春天的。我所在的小城，柳树多，河畔、街道边、小院里，到处都是柳树的身影，棵棵柔软婉约，风情万种。一阵清风吹过，柳丝轻拂，似佳人掩袖遮面，欲说还羞。桃花也开了，羞答答地开了，春水悠悠，杨柳堆烟，桃红点云。河两岸的春色，便很是旖旎起来。

春天是最好的季节，春风一吹，哪里的春天都是鲜嫩的、葱绿的。我总觉得，三月的春天，是坐着马车奔跑来的，一路走，一路洒满了铃声。清脆的铃声，走到哪里，哪里都是清亮亮的，绿油油的，沉睡的草醒了，沉睡的河流醒了，沉睡的花开了。乡下的春天是极张扬的，走到哪里，都是大把大把的绿，田野里，山坡上，绿得那么耀眼。像在你面前抖开了一瓶染料，从天而降，哗啦啦地倾倒下来，都是满眼的绿。

这个春天，我坐在城市的九楼，心却像颗发芽的种子，哪里坐得住？我听到外面春天涌动的声音。那声音铺天盖地，是河流解冻的声音；是虫子钻出土的声音；是绿爬上枝条的声音；是花朵绽放的声音……春光关不住。

看窗外人来人往，笑容满面，到底是春天呢，人的心情也跟着暖和起来。我看到了草绿、花开，还有女人的丝袜、短裙，夏日风情初绽。自己却依然被厚实地包裹着，春光不等人啊。

远处，有农人在田野劳作。春风里，他们脱下厚厚的棉衣，换上轻便的衣裳。他们在油菜花地里忙碌，在黄灿灿的油菜花映衬下，他们紫膛色的脸，居然眉目生动，神采奕奕。

楼下的窗台上，不知谁摆放了两盆花，是一种叫九叶菊的，满天星一样的小花，缀满了泥盆，一盆紫的，一盆红的，在窗台上姹紫嫣红地开着，千娇百媚。原本以为，在这个钢筋混凝土砌成的写字楼里，已经没有了春天。其实，春天的到来，到底是挡不住的。一朵花开的明媚，便见证了整个春天。

# 又是一年樱花红

我以为，一年之中的四月，正是春意阑珊、绿意盎然的季节，花更红、草更绿、水更青、山更黛、风更暖。这样的春天，是多情的、是浓墨重彩的。她像一个正待出嫁的新娘，不管怎么样地打扮，都不过分。

这样的季节，春回大地、空气清新。早上起来，到公园里走走，都是入了景入了画的。绿绿的草坪、小河两边的垂柳、金黄的油菜花，加上白墙黛瓦，处处都弥漫着春天的气息。

生在花乡，长在花乡，对于花，有着特别的感情。春天的早晨，打开窗，就会有浓郁的花香扑面而来。四月的天气，太阳明晃晃的，照在人身上，暖洋洋的。这样的天气，不太热，适合散步，晨练。我喜欢在这样的早晨，悠闲地散步上班，我所在的单位，位居小城的中心地段。每天上班，要穿过小城最繁华的一条路——人民路。这条路早在几年前，公路两侧，就栽满了樱花、白玉兰、冬青、桃树、尤其是樱花最多。这条东西长约三华里的街道，两侧栽满了樱花，三步一棵、五步一棵，郁郁葱葱，间或有一两棵桃花衬托，愈显得樱花是那样地妖娆、妩媚。假若桃花是乡下的姑娘，那么樱花就是城里的姑娘，桃花朴实、樱花妩媚，一直以为，樱花是我们女人的花，要多妖娆有多妖娆，要多妩媚有多妩媚。含蕊时就楚楚动人，开放时是那样地张扬奔放。仿佛这个春天，就是为了这场花开，就像是爱情中的女子，为了爱情，有飞蛾扑火之势。

这是春天呢，是适合种植爱情的季节，樱花是浪漫的，多情的。适合恋爱的人在樱花树下互诉衷肠。

每年清明前后，正是樱花怒放的时节。起初，樱花在未开放之前，是一个个粉红的小花蕾，像一只只小粉蝶栖在树上，远远望去，是一树的粉色，煞是好看。几场春雨过后，樱花就扑啦啦全部登场。一小朵一小朵的花蕊，似乎在一夜之间，就全部绽放。是那么地浓郁，那么地热烈，似乎要把春天渲染得流光溢彩。

这个早晨，我在樱花铺满的小路上，一个人踽踽而行。我希望在樱花满天飞的季节，邂逅一场爱情，来一场轰轰烈烈的恋爱，和所爱的人牵手，在樱花树下，许下一世的情缘。

“樱花樱花满天飞，谁为你流泪……”就在今天，就在这个充满诗意的花乡小城，我在铺满樱花的小路上，等待，等待那个和我牵手一生的爱人。

# 人间四月菜花黄

四月初始，红尘陌上，油菜花正浓。真的喜欢菜花，喜欢它的朴素。山间路旁，渠道河边，它悄无声息地静静开放，默默无闻，只是惊鸿一瞥，一颗心便栖在那片金黄里。

正是人间四月天，应该是草长莺飞，燕子呢喃，春雨淅沥，只是今年这个春天来得格外地晚，反反复复的好几次倒春寒，让人恍然还以为是在冬天。清明节，正是油菜花盛开的季节。从沭阳开车去兴化，和朋友们相约去兴化看油菜花。雨还在淅沥淅沥地下着，车在高速上飞驰，行至高邮境内时，烟雨迷蒙中，车窗两侧黄灿灿的油菜花跃入眼帘，一朵朵，一簇簇，一片片，在春风里昂首怒放，碧水黄花，交相辉映，阵阵微风拂面，送来馨香缕缕。

童年，我是伴着油菜花长大的。

油菜花是乡下姑娘，朴实、好养活。在乡下，随处一块土壤，洒下几粒种子，春天来了，就会开出一大片金黄。油菜花生命力极强，田间地头、沟渠河滩随处可见它的身影。阳春三月，柳丝吐绿，油菜花似善解人意的姑娘，它早早便绽露芬芳，竞相吐蕊，以纤巧而又壮观的姿态向人们昭示着春天的到来。它轰轰烈烈地演绎着美妙动听的春天弦律，把生命的激情点燃。它开得那么灿烂，广袤无垠的大地上，铺天盖地，金灿灿的一片黄，远远望去是一片黄色的海洋。

在城市结婚生活，已经好久不见油菜花了。清明时节，正是观赏油菜花的好去处，尽管天空下着绵绵细雨，但与油菜花开的热情相比，大家更愿意在细雨中欣赏油菜花。刚进入景区，就被眼前这壮观的油菜花吸引住了，满眼的黄扑面而来，一眼望不到边际，重重叠叠，在水面上形成一片金黄色花海，碧水黄花，交相辉映，宏伟壮观的场景与气势让人忍不住地激动与心跳。那一眼望不到边的灿烂金黄，轰轰烈烈，无拘无束，这满目黄花，虽没有日出江花红胜火的火热姿态，但也黄得招摇，黄得淡雅，黄得不羁，黄得波澜壮阔。犹如磁石将游客们一个个如痴如醉般吸引着，那满眼的黄，令人叹为观止。

乘舟绕河而行，河的两岸，蓝天、碧水、金岛织就了“河有万湾多碧水，田无一垛不黄花”的奇丽画面。在兴化泛舟游菜花，如入迷宫，浓郁花香让人迷醉，旖旎风光令人流连忘返。

“河有万湾多碧水，田无一垛不黄花”，说的就是兴化的油菜花，以千垛样式形成的垛田景观吸引着全国各地的游客。小舟缓缓而行，层层垛样的油菜花错落有致，青翠欲滴的油菜叶，像绿色的海洋，黄灿灿的油菜花，就像海上的波浪，绿海金浪，绵延推涌，前赴后继，奔腾着、起伏着，蔚为壮观。

此刻坐在小船上，嗅着缕缕清香，雨后空气清新和着泥土气息，那是钢筋水泥林立的城市没有的味道。一望无垠的花海，令人心旷神怡，视野开阔。此时，真想枕着花香，放空思想，身心两忘，回归一个纯真的世界。安静，一切都融入自然。尽情享受着金色花香，一颗不堪侵扰的心，便守住了这一丝宁静和淡定！

# 乡村夏夜

上弦月静静地悬挂在天空，月光像一池满水无声地在天际中流溢着，银色的月光把天空染得淡黄，与墨黑的田野在地平线上渐渐交融。

地面上的热气已经开始消退，凉爽的风吹在身上，令人心情格外轻松和愉快。晴朗的夏夜，星星布满了天际，明暗相间，忽闪忽闪地就像姑娘那多情的眼睛，在长睫毛下扑闪着。忽然一颗流星划过天际，孩子们欢呼雀跃，还没来得及许愿，转瞬消失在夜空。夏夜是孩子们的天堂，牛郎织女的美丽传说，陪伴着我度过了简单快乐的童年。

记得童年的夏夜，有很多美好的回忆。忙碌一天的人们，吃过晚饭，大家不约而同地来到晒场，来到这里乘凉。家家户户把用绳子编结的网床，搬到了晒场上，上面放上苇席。晒场很大，能容纳十几家大人小孩聚在一起。这个时候，也是我们孩子的天下。孩子们聚在一起，叽叽喳喳、打打闹闹，我们的笑声，在夏夜的天空飘荡得很远。一块泥巴、一块小石头、一根柳条都是我们最好的玩具。童年的世界是无忧无虑的，生活在农村的孩子是幸运的。

大人们收拾完家务，也都相约来到晒场乘凉。大家聚在一起，三五成群的，聊着天，轻松闲适，忘记了一天的疲惫。张家长李家短的，大多数的时候，聊着地里的收成，庄稼人就这点事，一年到头就盼着地里收成好，能多收三五斗。这个时候，邻里之间笑语喧哗，大家都很开心，气氛非常融洽。

我躺在竹床上，看着天上的星星，缠着父亲给我讲故事。父亲是当地小有名气的文化人，他是我们当地中学的校长，他看的书多，讲的故事也很精彩，这时候父亲清了清嗓音，就开始讲故事了，他的故事开场白都是“从前啊，有一个财主……”父亲讲故事的时候，就会吸引周围的小伙伴，他们都跑来听故事，有时候，父亲一个故事还没讲完，我就睡着了。

夜渐渐深了，孩子们得回家睡觉了，大人们也陆陆续续地散去。

天上，一轮皎洁的月亮一会儿把笑脸藏在树后，一会儿又调皮地把圆润的身子躲进云层，夜越来越静谧了，寂静的乡村在月色中朦朦胧胧，一片安详。

夜深了，整个村庄渐渐地进入了梦乡。晒场上、各家各户门前的床上，躺着大人孩子们，鼾声四起，人们做着香甜的梦。梦里，有小猫小狗陪在床边，有老水牛反刍的声音，有青蛙咕咕呱呱的叫声，有唧唧啾啾的虫鸣。

乡村的夏夜，轻柔得像水，朦胧得像雾。热闹而不喧嚣，宁静而不单调，展示给人们的是一幅恬淡温润的画，一曲休闲优美的歌……

# 夏天

北方的季节，冬季冗长，夏季炎热。经历了春天几场潇潇冷雨后，夏，就迫不及待地扑面而来。北方的夏天，是个配角，冬天才是个主角，春秋是什么呢？是个过客吧。但此时的配角正值花样年华。

北方的冬天，独占了一年的二分之一。其余的时间，春天占的时间是最少的，几乎冬和夏之间没有过渡，三天前还穿着厚厚的棉衣，三天后就直接穿衬衫了。不喜欢夏天，夏天太炎热了，太阳像一个大火球，热辣辣地炙烤着大地。夏天里的人，是最烦燥的，或许因为天气的原因，莫明其妙就容易上火，夏天的人容易吵架。记得儿时邻居家的小夫妻，平时对人都客客气气的。女人温柔贤惠，男人礼貌热情，两人勤勤恳恳，打理着一个小商店，相敬如宾，日子过得红红火火。在一个夏夜，就因为一件小事，夫妻俩人吵架。一气之下，女人寻了短见，留下了三个尚未成年的孩子。男人悲痛欲绝，恸哭不止，一边哭一边诉说，我怎么就迷了心窍，就动手打她了。本来夫妻俩吵架也是稀松平常的小事，就因为生气，着急上火的，闹出了人命。记得小时候在乡下，许多悲剧都发生在夏天。夏天悲惨的事情太多，因而不喜欢夏天，兴许不喜欢它的主要理由是夏天的温度太高，让人的心情烦躁，动辄就生气。

其实夏天也有夏天的好处，北方的夏天，是多姿多彩的季节。行走在夏天，绿正旺，花正艳，生命也最热情奔放。在田间地头，农人挥汗如雨，夏风把他们的脸吹成紫膛色。他们在炎炎的烈日下，挥动着手里的农具，望着麦田里起伏不平的金黄色的波浪，流淌着幸福的汗水。

夏天具有无与伦比的热情。全然没有“犹抱琵琶半遮面”的遮掩和羞涩。夏天，是属于女人的季节。当夏天来临，女孩子们一个个貌美如花，丝袜、裙子、短裤。在夏天的季节，她们轻盈飘逸，风情万种。那五颜六色、风格迥异的衣裙如花绽放，让整个夏天变得格外美丽、精彩纷呈。

夏天，身体是膨胀的，这膨胀充满张力和弹性，激人上进。夏天的人，对工作、对事业、对挑战性的事情具有火热的激情，不达到目的不罢休，敢于创新，敢说敢做。夏天对于工作和事业，都充满了激情，只要不懈努力，终会收获累累硕果。的确，你可以把夏理解为人生的好时光，年轻时的奋斗阶段，有旺盛的生命力，一个人应像夏天那般火热奔放有创造，这是对夏最好的诠喻。

夏天，是一个多彩的季节，更是一个多情的季节，夏天的一草一木、一山一水，无不真实、无不灵动。有雨打，有雷声、蛙声、鸟鸣及蝉唱。花开得那么好，有凤仙花、百合花、大丽花、白兰、千日红……

夏天是绿的海洋，绿的草，绿的水，绿的树，还有绿的稻。满眼都是层层叠叠多种多样的绿，柳绿、葱绿、翠绿，还有豆青绿。夏天有夏天的风情，生机盎然，五彩斑斓。

我以为，夏天有夏天的独特，它个性张扬，纯净自然，对生活充满了激情。就像我们每个人一样，都有自己的个性，人无完人，我们不能做到讨每个人喜欢。

“春有百花秋有月，夏有凉风冬有雪。若无闲事挂心头，便是人间好时节”。我以为，一年四季，都是我们生活中的风景，有我看不尽的红花绿草，有我听不够的宛转悠扬，有我念不完的人和事，点点滴滴，都是凡尘欢喜。只要我们好好去爱和珍惜，我们就会在每一天里，活出芬芳来。

# 夏天的城市

城市里的夏天，太阳总是赤裸裸的。行走在钢筋混凝土的大街上，阳光总是肆无忌惮地扫射着肌肤，很快就令人汗流浃背。这个城市，随着工业的发展，几乎看不见一丝绿意，公路两旁，到处都是高楼大厦。城市给人的印象，冬天北风肆虐，夏天烈日炎炎，似乎不带任何表情，就像人与人之间，隔着一层面具，没有一丝温情。

这个小城，四季越来越不分明了。夏天越来越冗长，夏日的最爱，我想除了冰激凌之外，很多人都想去海边，特别是对于我这种在内陆城市生活的人。不知道什么时候开始，日照这个城市便印在了我的脑海中，从三年前的一次采风行动开始，到现在每次回想起日照，还是那么迷人。

我喜欢海，夏天的时候以前总是选择去连云港。因为我居住的小城，离海边最近的只有连云港了。然而，三年前的一次日照之行，让我觉得日照的诱惑是无法抵挡的。日照的海，不如大连那么深邃，也比不上青岛的浪漫，却有着它独特的亲近感，日照的海更加幽蓝更加恬静一些。这里没有小商小贩的吵吵闹闹，远离市区的嘈杂，而且还很干净，这里的海，干净透明。海是美的，海是蓝的，海是你的。在日照，你可以随意在海边走走，晒晒日光，享受海水，都随便你；来到日照，让你感觉这里的一切都是原生态的，这里的海，是纯天然的。这里的城市，是安静的。穿梭在日照小城，这种感觉很特别，让你仿佛置身世外桃源。这里的树郁郁葱葱，阳光透过缝隙洒下来，星星点点。此刻树下的我面带笑容，悠闲从容。在这里，一切都是安静的。日照的热，不似江南城市，让人黏黏糊糊难受，也不像北方城市，赤日炎炎的干热。日照的热是带着湿湿的海风钻进衣袖，日照的热是让你在喝着扎啤、吃着海鲜的时候悄悄变成巧克力色，日照的热是它热情的性格，有着山东人特有的性格，热情爽朗。

第一次站在日照的海边，只觉得苍天真如穹庐，海天一色，四周白茫茫的一片，耳畔只有海浪的声音，置身其中，一方面深深感觉到自己的渺小，一方面却又觉得和大海如此贴近是一种无法形容的幸福。

“面朝大海，春暖花开”。喜欢大海，因为有海的城市总是有着它特有的灵气。有海的夏天，才是真正的夏天。因为有海，日照这个城市多了文化的底蕴，喜欢这个城市大大的太阳和咸咸的海水，喜欢这个城市美味的海鲜和醇厚的扎啤，喜欢这个安静而恬静的城市。喜欢日照，喜欢这个属于夏天的城市！

# 第六辑　遇见美好

# 近来可好

“近来可好？”

前几天，一个好久不联系的同学发来信息。四个字，简单明了，竟让我不知如何回答，就是这句问候，打乱了我原来平静如水的心绪，让我思绪万千。

近来可好？淡淡的一句问候，让我们的关系远隔千山万水。有多久未见面了，两年或是三年，彼此为生活忙碌，竟让我们错过了一次又一次见面的机会，什么时候，竟相对无言了。QQ 上、微信里，知道彼此的存在，却从未主动聊上几句。生活的压力，已经让我们无暇顾及彼此的友情。时间就是一把锋利的剑，让原本熟悉的两个人形同陌路。

近来可好？是一句多么伤感的问候，让原本两个亲密无间的朋友，变得越来越疏远、越来越陌生了。难道我们真的渐行渐远了吗？

记得大学里，我们处得最好。我们都爱好文学，是文学社的积极分子，你写诗，我写散文，你我的名字，常常在校报上同时出现。尽管你有着江南女孩的婉约，我有着苏北女孩的纯朴，空间上的距离没有阻碍我们，反而让我们的心越走越近，成了最要好的朋友。

记得大二那年元旦节，天下起了大雪，冰天雪地，寒风凛冽，我的手没戴手套，早早就冻得红肿起来。你知道以后，连夜为我赶织了一副手套，看着你因为我织手套而熬红了的双眼，我真的很感动，为有你这样的好同学而骄傲。你织的羊毛手套好暖和，戴着你织的手套，暖洋洋的，心也跟着暖了起来。那年冬天，因为有了你，温暖了我整个冬天。以至于多年以后，每每看到窗外飘落的雪花，就会想到你，心中就会感动不已。

毕业时我们相约，无论以后怎样，我们每年都要相见一次，为我们的友情、为我们的姐妹情深。起初毕业第一年，我们谁都没有食言，相约在母校见面。尽管相隔天涯，我们之间没有隔阂，还是那样地亲密，还是那样地情真意切。第二年，你发来信息，工作太忙，你爽约了。

自此只能在QQ上、电话里诉说着彼此的思念，后来听说你换了工作，失去了联系。再后来听说你结婚了，我真想去为你贺喜，去见证你人生中的大喜事，然而你最终没有通知我，我没有讨到一杯喜酒。听说你结婚了，我打心眼里为你高兴，你终于找到了自己的幸福。

耳畔响起了《同桌的你》，优美的旋律很容易勾起人的回忆。亲爱的，渐行渐远的你是否会在某个时刻想起正在想你的我？

人生就是这样，很多人都只能陪伴你走一程。原本那么熟悉的恋人、朋友，多年以后只有这一句淡淡的问候："近来可好？"只因为彼此都很无奈，失去了对方的消息，不了解对方的状况。却也会在某个时刻突然想起，刚拿起电话，拨了一串数字，才发现这有多草率。于是，在键盘上敲下这几个简单的字，近来可好？人生就是这样，有些人走着走着就散了，在下一个路口，再遇见一个人，再陪伴走上一程。就这样，遇见，走散，陌路，再遇见，再走散。但愿相遇的每个人，一切安好。

# 善良是一朵花

自从习惯了早上起来晨练，我会从家里跑步到菜市场，把家里一天吃的菜买好。回到家，做好一家人的早饭，在我的一再催促下，老公和女儿才慢腾腾地起床。我上班比较早，老公早上的时间比较充足。一直以来，因为懒惰，早上我从没做过早餐，习惯了赖床，早餐一家三口都是在外面对付着吃。自从早上起来晨练，我喜欢自己做早餐了，每天变换着花样，做出不同的早餐，乐得女儿老公都夸我越来越能干了。

今天早上，天空飘着蒙蒙细雨，我依然起了个大早，到菜市场买菜。远远地，见菜市场旁边围满了人，我挤进去一看，见一个大约七八岁的小女孩跪在地上，对于这样乞讨者，平常见得太多了，大家都习以为常。同样是平常的那个镜头，可今天不一样，这是个雨天，这个看上去才七八岁的孩子，大清早跪在雨地，衣着单薄，全身冻得瑟瑟发抖，大家都生出了怜悯之心。卖早餐的王阿姨，端来了热腾腾的豆浆油条。卖水果的刘大妈，拿出了女儿的棉袄，硬要孩子穿上。晨练的刘大伯，一声不响地丢给了孩子十元钱。围观的群众看着这孩子可怜，都纷纷地伸出了援助之手。大家你三元我五元地慷慨解囊，此时此刻，大家的心里只有一个念头，就是觉得这个孩子太可怜了，至于她是不是骗子的道具，一切都不重要了。很快，这个孩子面前的白瓷碗里，堆满了零钱。在这个春天的早晨，我有幸目睹了这一幕，也献上了自己的一份爱心。同时我的眼睛潮湿了，习惯了都市里的人情淡薄，这样一个平常的早晨，一件平常得不能再平常的小事。因为一个陌生的孩子，大家的心紧紧地连在了一起。

这个孩子大约才七八岁，和我的女儿差不多大。在这个春雨蒙蒙的早上，此刻我那七岁的女儿，正躺在温暖的被窝里，做着甜甜的梦呢。同样是七八岁的孩子，而面前这个孩子，她的身世究竟如何，我们不得而知。然而在这样的一个早晨，因为这个孩子，大家心底的那根敏感的弦被轻轻地拨动了。善良没有界限，大家纷纷伸出了援助之手。毫不犹豫地献上一份善意。

这是个春天的早晨，天气乍暖还寒，可此刻的我，心里暖洋洋的。因为那个孩子，我忽然发现，这个世界，有善良在，有美好在，心，就会忽然花开。

# 夜晚二胡声

初秋的一个晚上，窗外月色融融，微风拂面，走在路上，有说不出的惬意。吃过晚饭，我们一家三口来到离家不远的桥上散步。桥上人不多，很清静。不时有一两辆车从桥上穿过。桥的两侧，有老头老太太们在甩胳膊甩腿锻炼身体，偶有一两对情侣，相拥着站在桥上，你看着我，我看着你，情意绵绵，眼里流露出浓浓的爱意。

站在桥上，看星星闪烁，夜色迷离，远处有灯光渔火，让这个城市的夜晚，显得更加静谧。

我沉浸在夜色中，思绪万千。突然有二胡声从不远处传来，曲调哀婉忧伤。那种哀哀戚戚的呜咽声，飘飘渺渺，刺插着我的耳膜，直抵我的心灵……循声音，十几米外的桥头，围了一群人，很明显，那便是声音的源头。双脚不由自主地向着人群处走去。人群中央，一位盲眼的老人，端坐在桥下演奏属于他自己的音乐，他面容清瘦，头发干净，一身灰色的旧衬衫，看上去干净清爽。一双手灵巧地在二胡上摩挲着，俨然早已沉浸在自己创造的意境中。

前面，一个缸子，里面静静地躺着几张纸币，下面似乎还有十几个硬币。他如痴如醉地演奏，如泣如诉，不禁将人引入夜阑人静、泉清月冷的意境……女儿轻轻地，在他面前的盒子里，放上一块钱，再轻轻地离开。我告诉女儿，这位老人，他不是在向路人乞讨，他是在演奏，我们是花一块钱，在听一场演奏会，艺术上的享受是无价的。九岁的女儿还懵懵懂懂，她不懂得艺术的价值，但是，她望着老人的神情，是一脸的神圣，敬仰，这一点就足够了。

那个老者的演奏，不受任何外在的影响，是全身心地投入。面对听众，他不说一句谦恭感谢的话，他的语言就是声声不绝的音乐，他的沉默就是人性里圣洁的尊严。

琴声中透着几分凄凉和无奈，却极具艺术感染力。他如泣如诉的琴声，逐渐模糊了我的视线。

望着桥下的老人，我突然觉得，老人的琴声里，饱尝人间的沧桑，它在反反复复地诉说不同的人间故事：许多渺远、可见的和不能企及的、现实的和虚幻的人与事，许多的悲与喜、苦与乐，都在他的高低起伏的琴声里表达出来。老人的琴声，表达出世间的无奈，表达出人间的忧伤。在这样一个宁静的夜晚，凄婉的旋律飘荡在苍茫的夜空，在世事纷扰中兀自盘亘回旋，声声断断，不绝如缕……

# 放飞心灵的美丽

以前，我对城管队员印象并不好。网上负面报道太多，对他们有一种距离感，总觉得他们盛气凌人，有一种与生俱来的骄傲，甚至对他们身上的制服，都很反感。终于通过一件小事，让我彻底改变了这一看法。

那年我还在乡下的一所小学任教，到淮南市某学校学习。安顿好住宿后，便和几位同事去逛街。披着火红的晚霞，市府路上波光潋艳，流光溢彩。一直习惯了乡下的安静，突然面对城市的灯光，心情一下子绚丽无比，到底是城里，觉得灯光都很迷人。走着走着，我突然被一个背着鞋箱，手拎着帆布小凳的小男孩拦住了："阿姨，擦擦皮鞋吧，只要一元钱。"这孩子看去大约十一二岁，浓密的头发，圆圆的小脸上有一双滴溜直转的眼睛，闪烁着机敏的亮光。

尽管我没在城里生活过，但早就听说城里有个乞丐帮，是专门以乞讨为生，他们有专人组织，在路边缠着人要钱、跪着求助，变相乞讨。看见男女在一起就上前卖花的，还有擦皮鞋的，都是一伙的。见了这个小男孩，头脑里当即闪现出丐帮，我边走边婉言拒绝说："我们刚到城里，鞋子不脏，谢谢了。"他一听我的口音不像城里人，更来劲了，追着我前后奔跑。看来他是下定决心，不擦是不会放过我的。

"阿姨，求求您，我已经一天没开张了，擦一次嘛。"我是对丐帮早有耳闻，想想他们都才十一二岁的年纪，本应是在父母怀里撒娇的年龄，却过早地走入社会，一颗童心，早已失去了原有的童真。

是的，他那么小，仰着圆圆的脑袋望着我，红扑扑的小脸上一双眼睛清澈见底，我动了恻隐之心，可一想到他们是有组织，有预谋的，我就深恶痛绝。心一下就硬了下来。我一边走，他一边跟着，见他这样难缠，我态度立刻变得粗暴起来。谁知他依然纠缠着我，一边走一边用哀求的语气："阿姨，你就擦一次吧，一次只用一块钱，要不这样吧，给你最优惠的价格，七毛，怎么样？"

此刻，已无法用语言形容我的心情，我已经开始讨厌这个孩子了，小小年纪，满脑子的铜臭味。走着走着，一抬头，看见了前面有一个穿制服的城管阿姨，大约四十多岁，我像遇到了救星，粗暴地将这个孩子拉到她的面前，我说："你看看，就这个孩子，缠着我要擦皮鞋，不擦，他老缠着我，你们是城市的清洁工，这些孩子影响城市的形象，你还是管管吧！"

我本以为这个城管阿姨如我想象中的一样，会训斥这个擦皮鞋的小男孩。谁知她走到孩子的面前，很怜惜地拍拍他的头，柔声地说："今天还没开张吧，妈妈的药又用完了？别急，阿姨替你想办法。"我一听，当即愣住了。

出于怜悯和好奇，我和这位城管阿姨攀谈起来。原来，这个孩子的确是个苦孩子。"他父亲在他两岁的时候出车祸去世了，母亲带着他一个人，靠拉人力三轮车维持生活。谁知半月前，她的母亲劳累过度，竟然从车子上摔了下来。为了筹钱给母亲看病，这个懂事的孩子，瞒着母亲，放学后偷偷地出来擦皮鞋赚钱。作为负责这个街道的城市管理人员，得知此事后，我只能尽自己微薄之力，来帮助这个可怜的孩子。我会尽量在他不违反规定的情况下，让这个孩子能多接几单生意。有时，看着孩子实在可怜，没接到生意，我们城管一大队的几名工作人员，就轮流让他擦鞋。当然，这些事情都是背地里偷偷做的，我们不能为此伤了孩子的自尊"。听了这一番话，这位相貌朴实的城管阿姨，形象一下子在我面前高大起来。她一身草绿色的制服，愈发衬托出她的高贵从容，美丽大方。都说城管爱管"闲事"，他们要是多管一些这样的闲事，我们的社会，就会变得更加美好。他们是城市的美容师，不仅美化市容，更美丽了我们的心灵。

于是，在这位城管阿姨的带动下，我第一个脱下了鞋，成为这个小男孩今天的第一个顾客。

# 降低幸福的门槛

曾经有这么一个故事，一个家境优越的小女孩，为了要一身名牌的衣服，妈妈没有答应，一直在和妈妈怄气。一天早上，天空飘着蒙蒙细雨，妈妈让女孩出来买早点，女孩一肚子不高兴地来到家门口菜市场买早点。

远远地见菜市场路边围满了人，女孩儿挤进去一看，见一个大约十一二岁的女孩子，披头散发，跪在地上，地上湿漉漉的，衣服都湿透了。面前铺了一张纸，无非是和街上常见的那些乞讨者一样，写着父亲出车祸，母亲生病，家里遭遇不幸，她失学了，希望好心人能帮帮她，等等。这是乞讨者常用的伎俩，对于这样的情况，平常见得太多了，大家都习以为常。可小女孩见了眼泪当即就流了下来，这个女孩和她是同龄啊，她在家里过着饭来张口、衣来伸手的日子，爸爸妈妈把她像公主一样宠着。面前这个小女孩，同样的花季年龄，大清早跪在雨地，衣着单薄，全身冻得瑟瑟发抖。女孩子生出了怜悯之心，把身上所有的钱都掏给了这个乞讨的女孩。见女孩衣着单薄，于是她跑回家，把自己最喜欢的一件外套送给了这个可怜的女孩。

小女孩回家后，高高兴兴地帮妈妈做家务事，再也不提买名牌衣服的事情了。她为自己感到庆幸，拥有一个幸福美满的家庭。生活中，我们总喜欢拿比自己好的人和事来作比较，得出的结论就是自己不幸福。假如我们与更不幸的人去比较，相信你会觉得自己其实已经够幸福的了。幸福在哪儿，幸福就在我们身边，在我们伸手可及的地方，只是我们往往不懂得去发现和珍惜。

幸福其实很简单，降低幸福的门槛，把目光放低一些，脚步放平一点，便可以跨入那扇永远向每一个人敞开着的幸福之门。

其实我们每个人都很幸福，却一直仰慕着别人的幸福。一回头，发现自己也是幸福的，只是你的幸福常常在别人眼里。

# 简单的快乐

冬天的夜晚，天总是黑得很早。窗外夜凉如水。晚饭后，和先生散步。刚走出家门，一阵冷风扑面而来，他问，冷吗?

我答，冷。

于是被他牵了手。他的手真暖和，一直喜欢被他牵着手。记得认识他时，是个冬天，他说，这个冬天，真冷！说这话的时候，他正牵着我的手。其实那时我们才第二次见面，彼此还不太熟悉，他就自作主张拉着我的手。手能有多少温度呢？但他说这话的时候，一脸的真诚，而我的手被他握着，感觉真的全身暖洋洋的。

认识他的时候，他并不让我满意，也就是一个刚毕业的穷学生，没钱也没权，父母都是农民。人也长得很普通，没有一样合乎我的理想。可就是这样的一个男人，不知不觉地走进了我的生活。如今我们结婚快六年了，生活尽管很平淡，但很幸福。他这个人，生性木讷，做不出什么讨我喜欢的事，但他是真的对我好。他没有什么理想和大志，他的生活中心就是我和女儿，每天早晨起来就是看看外面的天气，然后知道给女儿穿什么衣服，并做好了饭一遍遍催我起床。这样的男人，在这个社会，能无怨无悔地守着这个家，这不是爱，还能是什么?

如果有一个人，能关心到你冷不冷，饿不饿，这个人一定是你生命中不可缺的。他或许没有什么能力让你过锦衣玉食养尊处优的生活，但却愿意用他的身躯，为你挡风遮寒。

如果遇到这个人，请你珍惜。

我们的生活，其实很简单。他没有什么应酬，他的生活圈子，太小了，小得只剩下我和女儿。而我，也是一个不善于应酬的人。

于是，我们上班的激情都很高，下班的脚步也匆匆。因为，我们都知道，这个城市的窗口，有一盏为我点亮的灯。我们的生活是简单的，没有汽车没有洋房，甚至每月还要还近千元的房贷，可那又有什么关系呢？我们是幸福的，每天下班后，一家人团团圆圆聚在一起，温馨而甜蜜，这些，就足够了。生活是简单的，在简单中快乐，在快乐中简单。

# 健康是福

堂哥是一位多年从事花木生意的大老板，常年奔波在全国各大城市，赚了不少钱，是当地有名的企业家。因为有了钱，堂哥到哪里都底气十足，一副大老板的派头，围在他身边点头哈腰的人很多，他整天不是出入高档餐厅，就是洗浴中心。洗桑拿、泡温泉，日子过得很是惬意。

花木销售旺季，堂哥奔波在各个城市，工程招标、采购、运输苗木，他都亲力亲为。作为一名土生土长的农村人，堂哥具有农民淳朴的本质。不忙的时候，他就全国各地飞来飞去，什么名山大川、江河湖海、名刹古寺，他的足迹踏遍祖国的山山水水，他会挣钱也会花钱，闲暇的时候他喜欢外出旅游。去年在一次旅游的时候出车祸了，车子冲下了悬崖，幸亏一棵大树挡住了车子，车上的人都受了不同程度的伤，所幸没有人在车祸中丧命。堂哥在那场车祸中，右腿骨折，断了两根肋骨，在床上躺了大半年。出院后，堂哥性情大变。不再出入高档餐厅、洗浴中心，滴酒不沾，像换了一个人似的，与人和善，衣着朴素。

他说人的生命何其脆弱，什么名利、金钱都是过眼云烟，侥幸拣回了一条命，一定要好好珍惜，往后吃斋念佛，一家人能够平安健康，这就是幸福。一场车祸，让堂哥顿悟了，在生命面前，一切都是身外之物。生命真的很可贵，很重要。唯有经历，方能真悟！

我庆幸堂哥的开悟，然而生活当中，能真正悟出幸福的人很少。我们每个人都在为生活不停地奔波，每天忙忙碌碌，没买房子之前，最大的目标就是房子。房子有了，又想着车子；车子有了，又要换大房子、名牌车子。人的欲望是无止境的，但我们实现欲望的能力却有限。当欲望得不到满足时，我们会痛苦。很多时候，我们感觉不到幸福，是因为我们把幸福的门槛建得太高，是自己亲手把幸福拦在门外。

英国诗人蓝德在一首诗中写道：“我和谁都不争，和谁争我都不屑；我爱大自然，其次就是艺术；我双手烤着生命之火取暖；火萎了，我也准备走了。”人世中的纷争，原是轻若烟尘的，好就好在自己是凡夫俗子，耐得住清静，稍微安定一点儿，平平安安，就会感动。留一份平安为自己，不要奢求月常圆，用平常的心去对待生活，生活便会给你增添许多笑容。唯愿一家人平平安安，健健康康，这就是幸福。

# 让生命之花绽放美丽

元旦节那天阳光特别灿烂，早上刚起床，一阵急促的电话铃声骤然响起，是一个文友打来的，问我有没有时间，说他要上淮安看望一个病人。这个病人很特殊，大家都不认识，只是在百度沭阳吧里看到有关他的消息，是钱集镇一个叫小虎的孩子患了急性淋巴细胞白血病。网友们见到了这个消息后，大家都很同情这个孩子，于是网友相约元旦节组团去看望他，邀我一同前往。作为“爱心沭阳”群里的一分子，我们都想尽自己的微薄之力，去帮助那些需要帮助的人。一个人的能力是有限的，但大家的力量是巨大的。

爱心涌动。于是，在这个冬日的早上，冒着凛冽的寒风，我们一行三十多人组成的队伍，浩浩荡荡向淮安医院出发。

路上，听了朋友的介绍，我了解到大概的情况。今年刚满十四岁的小虎出生在钱集镇一个普通的家庭，父亲多年前就患有强直性脊柱炎，不能从事体力劳动。母亲在一所中学图书馆工作，一家 5 口人的重担全部落在孩子的母亲身上。屋漏偏逢连阴雨，今年刚读初中二年级的小虎于 12 月初经诊断患急性淋巴细胞白血病，使这个本来就艰难的家庭雪上加霜。孩子的病情需 100 万元做骨髓移植，可对这样的家庭来说，无疑是把他们推上了绝路。当网友们得知小虎的情况后，纷纷表示，想为小虎献一份爱心。和我们一同前来的还有电视台、报社的朋友，他们都带来了爱心。在这个新年里，大家都有一个共同的心愿，就是希望能通过自己的努力，让小虎能像其他孩子一样，平安健康地回到校园，过上正常人的生活。

来到淮安医院血液科，看到躺在病床上的小虎，大家无不为之动容。尽管被病魔折磨得看上去脸色苍白，但五官端正，眉清目秀，一双略显稚气的眼神里，透露出少有的灵气。

当我们说明来意，孩子的母亲当场放声大哭，她怎么也没想到，不知是哪位好心人把小虎的情况发到网上，一下子涌来了这么多网友。“这个世上还是好人多呀”！同一病房的一位老人，一边擦眼泪一边感慨地说。这么多好心人，大家不认识小虎，甚至互相都不认识，在新年第一天，每个人都怀揣着爱心，为了一个共同的心愿相聚在一起。大家都有一个愿望，就是愿意尽自己的微薄之力，来拯救这个孩子，拯救这个家。

没有组织，也没有刻意安排，大家自发地你一百我二百地捐款，窗外西北风呼呼地刮着，病房里面春意融融。当孩子父亲捧着这一份份爱心，这个堂堂的七尺男儿，眼里噙满了泪水，面对涌来的挚诚与关爱，小虎的父母也渐渐走出绝望。“是你们的爱心给了我们前进的动力和决心，请大家放心，我们一定坚持到底！”小虎父亲说。

为了挽救小虎的生命，网友们一致表示，回来之后要发起倡议，并通过微博、论坛、百度沭阳吧等渠道呼吁社会给予援助。我们希望通过募捐等形式，让小虎重返校园。

当新年的第一缕阳光透过窗帘洒满了病房，洒在小虎的脸上，显得特别地安祥。因为有阳光，我看到了希望。在这个新年的早晨，我忽然听到了花开的声音，这是生命之花绽放的声音，因为一个陌生的孩子，把大家的心紧紧地连在了一起。我忽然发现，这个世界，有善良在，有美好在，有爱心就会创造奇迹。

有阳光，有雨露，有花香，有爱心，让我们携起手来，希望通过我们的努力，让小虎的生命更加璀璨。

# 每个人都是一道风景

没房子的时候，羡慕别人有大房子，没车子的时候，看别人开着车子风驰电掣从身边一闪而过，心中有说不出的羡慕和妒嫉，当房子车子都有了，又羡慕别人年轻美貌，阳光帅气。生活中，我们大多的时候总是仰望和羡慕着别人的幸福，其实回过头发现，我们自己正被仰望和羡慕着，其实每个人都是幸福的。只是，你的幸福，常常在别人的眼里。

我小时候理科成绩不好，从小到大一直羡慕那些能把数理化学好的同学，在我眼里，一直觉得他们思维严谨，聪明睿智，以至于走上工作岗位，对理科男还有一种发自内心的敬畏。直到去年冬天，我见到了我初中时一直仰慕的男神，他是我们那届学生中唯一一个考上大学的天之骄子，而且是人人羡慕的理工大学。

当年他毕业留在了那个城市，成了我们大家羡慕的白领。在我的想象中，他会一直比我们生活在小城的人，活得风光体面，他会在那个城市过得很优越，有房有车，至少现在应该成了大公司某部门的主管，生活按部就班，但也很有规律。多年以后见了面我才发现，他并没有我想象得那么风光，他工作不如意，辞职自己做起了老板，代理了一个公司的产品，开了一个小店，生意清淡，仅仅能够维持生活。

聊天的时候，他说了这样一句话，你看你多幸福，你有一个聪明乖巧的女儿，有一个爱你宠你的老公，你在那个小城是小有名气的作家，大家都羡慕你呢。他说这话的时候我当时一愣，仔细想想，是啊，我一直在仰望和羡慕别人，原来自己也可以是别人羡慕的对象。

仔细想想，其实很多时候我们羡慕别人的生活，其实每个人都有自己的酸甜苦辣。“你站在桥上看风景，看风景的人在楼上看你。明月装饰了你的窗子，你装饰了别人的梦”。是啊，我们都在看风景，我们也都是别人眼中的一道风景。我们在仰望别人幸福的同时，别人也是以同样的姿态回望我们，没有谁的生活是完美得足以值得羡慕的，过好自己的日子才是最重要的。正如别人所说，往往我们看到小偷吃肉的时候，却没想到挨打的情形。要是想着完全放弃现在的我们自己，然后也去学别人吃肉，也许我们什么都没有了。

每个人都是一道风景，高山与平原，各有各的美。与其老是仰慕别人的山高，幻想着从一条河流变成一座高山，不如低头努力构造自己的小世界，把事情做得更精彩，让别人羡慕我们。

# 我们是一群爱好文字的人

天气是骤然变冷的，之前一点预兆也没有。这个秋天，天气一直好脾气地灿烂着，秋高气爽，阳光明媚。上下班，吹着和煦的风，要不是地上铺满厚厚一层落叶，我都不知道这是秋天呢。秋阳正好，日子就这样平静地过着，忙碌而充实。

周末，早上天气就有了变化，天空灰蒙蒙的，冷风直往脖子里钻。到了中午，天空飘起了小雨，接着就刮起了大风，冷风、细雨，让这个周末我和女友逛街的计划，泡汤了。好不容易盼个周末，想好好休闲一下，早在几天前和女友约好，一同去逛街买衣服。这个世界上，也许只有两样东西会让女人疯狂，那便是衣服和爱情。

逛街计划取消，我决定好好地睡上一觉。周末，睡懒觉是我最大的享受。正当我甜甜地进入梦乡，手机的铃声把我从梦中惊醒，是一个文友打来的，邀我出去吃饭，说宿迁来了一个文友，大家在一起聚聚。这么冷的天，出门实在是不容易。何况外面还下着雨，本想拒绝，可想想大家都是文友，难得聚在一起。平常凡是文友间的聚会，我都会参加。人与人的相逢，本来就是一种缘分，何况我们是一群爱好文字的人，志趣相投，心灵相通，共同的理想和共同的爱好让我们走到了一起，我很珍惜这份难得的情谊。

就这样冒着雨，来到饭店。大家都已聚齐了，气氛热烈，正为某篇小说讨论得不亦乐乎。我很快加入其中，我们中的一位文友，近期正在创作长篇小说。我很是羡慕他，能静下心来写长篇很难得。我一直写一些生活、休闲类的作品，偶尔写点小小说，暂时还没有写长篇的计划。我是个写字的人，所以我知道写字的人很辛苦，付出的是汗水，透支的是心血。而爱好文字的人，本身的目的就很单纯，就是爱好，没有什么别的想法。就如同那些爱好唱歌跳舞的人一样，仅仅是爱好。如果真要以文字糊口的话，那暂时俺还真没有这个勇气。

这是小城的一家小饭店，我们是一群爱好文字的人，我们之间，没有大款，也没有老板，聚会的目的很简单，就是单纯的文友聚会。如果不是爱好文字，我们中间，也许会有一两个老板，会有自己的公司，而现在在这个小城，我们都在为生活而奔波。我们当中没有一个是大款，有的是一摞摞书籍和自己创作出来一部部厚厚的作品。那些文字的结晶，就是我们最大的财富。

我们最大的爱好，就是工作累的时候，用文字来缓解压力。夜深人静的时候，在电脑前敲打着一串串长长短短的文字，写一些心灵的感悟，记录生活的点点滴滴。这就是我们的生活，平淡而充实。因为文字，因为梦想，这个夜晚我们聚在了一起。

窗外，细雨蒙蒙。窗内，我们一群爱好文字的人，说着，笑着，开一些无伤大雅的玩笑，甚至为某部作品争执得面红耳赤。这是一个深秋的夜晚，突然有一种感动从心头漫过。现在这个社会，还有几个人坚持自己的梦想，大家都在为生活而忙碌，谁还有心情去看书，写字。只有我们，这样一群爱好文字的人，痴迷于文学，为了少年时的作家梦，对文学始终保持着一种超乎寻常的热情，无怨无悔痴心不改。我为自己感动，为我们一群爱好文字的人而感动着。

这个深秋的夜晚，嗅着文字的芳香。我们这群爱好文字的人，简单而富有，快乐而知足。因为，我们是一群追逐梦想的人。

# 享受读书时光

周末的早上，一缕阳光洒在床头。我揉揉眼，伸个懒腰，推开窗户，阳光暖洋洋地照在身上，那么温馨、温暖、温和。在这样一个阳光明媚的春天里，独坐在落地窗前，看远处的行人、车辆井然有序，享受着这难得的静谧时光，任凭思绪飞扬。喜欢这样闲暇的时光，在椅子上放一条舒适的毛毯，或躺或坐，沏上一杯茶，就这样安静地坐着，让茶香浸着心情慢慢释放。在晨曦里，随手捧起一本书，静静地阅读，细细地体味，时间与空间刹那间变得如此美妙，身与心完全沉醉于文字之中。无论是忧伤的文字，还是杜撰的爱情，这些虚拟的情节渲染得色彩缤纷，人性的善良，亲情的美好，爱情的崇高，友情的可贵……化作缕缕春风融入心田。春暖花开，水墨淡淡，馨香四溢。文字与灵魂轻轻相拥。

我喜欢读书，因为读书时的我是最纯洁的，手捧一本书，细品一杯香茗，茶香与书香交融入鼻，书韵缓缓流泻，人世间的烦恼琐事荡然无存，心底不再有任何的阴影，手里的书本就是我的整个世界。有书相伴的日子总是那样美好，让心徜徉在别人的故事里，飞花寄情，流水有意，就算窗外飞雨飘雪，也充盈着无边的意趣。

作家张小砚说：要么读书，要么旅行，身体和灵魂总有一个在路上。喜欢读书，出差在外，什么都可以忘带，书是不可以忘的。我一直固执地认为喜爱读书的人是不一样的，喜爱文字的人，灵魂是高尚的。

我是一名地道的农家孩子，当年中考时很幸运地考入了师范院校。进入中专，吸引我的不是那浓厚的学习氛围和优越的学习条件，而是那个偌大的图书室。当时每个学生都可以办到图书证，而且一切手续都非常简便。我便一头扎了进去，不管是上课还是课间，白天还是黑夜，都如饥似渴，爱不释手，简直到了痴迷的地步。《简爱》《飘》《安娜·卡列尼娜》《红与黑》……置身在偌大的图书室，仿佛就我一个人存在，完全沉醉在书中，看得津津有味。于我，书是我的灵魂，我的思想，我的世界。人生旅途每向前一步，都离不开书对我的支撑。

因为喜欢看书，渐渐地喜欢上写作。读中专的时候，我写的一些小诗文发表在《师范报》《沭阳报》等报刊。毕业后在乡下仅仅教了三年书，就因为写作，被一家单位看中，调进城里做了一名专职文员。这么多年，我一直在单位从事文字工作。工作之余，看书，写作，因为工作的原因，平时要不断地学习，使我至今对书仍然一往情深。去书店或逛书摊，看到自己喜欢的书，便会毫不犹豫地买下来先睹为快。出差在外，别的同事喜欢逛商场，而我最喜欢逛书店。读书，使我的人生充实丰富，生活充满了乐趣。

有一两本书放在床头，或倚或躺，只要自己舒服就行。嗅着书香，荣辱皆忘，在知识的海洋里徜徉。让时光于书卷中缓缓流逝，任自己的性情读自己喜欢的书。在寒冷的冬日，围着暖暖的火炉，读三毛、张爱玲的小说，为书中的主人公或悲或喜。读书对于我而言，实在是一种享受。

著名作家毕淑敏说，读书使人变得美好。我想做一个美好的人，做一个生活乐观、善于思考、举止文雅的女人。如果书是一朵花，花开的声音万般美好，我愿意一路痴心地行走。只为与你相遇，相遇在一朵花开的声音里。

# 五月，书香满溢“绿都”

五月如花，五月如歌。走进五月如花的世界，空气中流动着草气花香，耳畔充盈着燕啼莺鸣。所有的一切如五月的花，缓缓地绽放。

五月里，总会与许多许多的美好相遇。为了去品读一座城的灵魂。我义无反顾地踏上开往泗阳的客车，一个我梦见过无数次的城市。

走进泗阳城，这里到处绿荫笼罩，人在绿中走，车在绿中行。绿，是泗阳县城的主色调；绿，让这座城市充满了无限的生机。这是一座名副其实的“绿都”！

文化，是一座城市的灵魂。泗阳除了充满绿色，还是一个充满文化气息的城市。作为一名文学爱好者，这次很荣幸参加了“中国著名作家泗阳行暨创作笔会”。

这是个千载难逢的机会，能与景仰的大作家面对面交流，是任何文学爱好者都梦寐以求的。之前只能在书上、电视上看到他们的身影，这一次，能有机会与作家们共享文学的盛宴，我的心情喜悦得难以言表。

走进泗阳开元明都酒店四楼会议大厅，里面早已坐满了人。来自泗阳县及全国各地的文学爱好者济济一堂。大家都怀着一颗对文学虔诚的心，聆听作家、大师们的讲课。他们的一言一行，都令台下文学爱好者感动、激动不已。

现场交流环节引爆现场气氛，一个又一个现实而又锋利的问题抛了出来。舒婷老师，我喜欢您的《致橡树》，请您谈谈这首诗的创作体会？苏童老师，您的作品《妻妾成群》被改编成电影《大红灯笼高高挂》搬上银幕，深受观众的喜爱，请您谈谈您的感受？储福金老师，您的小说《黑白》介于专业与非专业之间，如何把握围棋爱好者与不懂围棋的人之间的尺度？

作家们就一个个问题作了详细的解答，他们谦逊和蔼，平易近人，一点也没有“大家”的架子，令现场交流互动非常热烈。一个下午，作家与作者们畅所欲言，这是一次灵魂与灵魂的对话。是我和大师们的第一次亲密接触。

德国诗人荷尔德林说：“人，诗意地栖居在大地上。”诗意地栖居，貌似只是一种诗意的向往，诗意的等待。可事实上，这并不是想象中的乌有之乡，它就是我们伸手可以触摸到的地方。

这里四季如春，物阜民丰，人文荟萃，钟灵毓秀，文人笔下的泗阳如诗如画。而且，它与海峡和平女神妈祖有着千丝万缕的关系。

与著名作家采风团一行，我们来到了泗阳妈祖文化园。这里亭桥廊榭，风光绮丽，京杭大运河穿城而过，苍松翠竹，郁郁葱葱，让人流连忘返。

妈祖和泗阳的历史渊源可追溯到清朝康熙三年（1664 年），闽商来泗阳众兴镇骡马街经商，成立闽商会馆，又在馆内兴建“天后宫”修葺“妈祖庙”。三百多年来，“天后宫”历经沧桑。

2012 年泗阳县政府从保护和弘扬妈祖文化，助推旅游产业，打造闽台客商精神家园的高度出发，在运河中央“如意岛”上新建“妈祖文化园”，着力打造千里运河地标。原国家政协副主席孙家正亲笔题字“泗阳妈祖文化园”。

怀着朝圣的心膜拜，园内檀香缭绕，三道山门牌楼、钟鼓楼、圣母殿、观音殿、福禄寿三星殿、莲花广场、妈祖神像建筑群映入眼帘，让人目不暇接。整个园区风景秀美，三面环水，一片波光粼粼。站在莲花广场上仰望雄伟的妈祖三面圣像，不由肃然起敬。

据介绍，三面妈祖圣像高达 20.12 米，这是千里运河上首座妈祖文化园，也是目前全球 6000 多座妈祖庙中罕见的集水利生态风光、佛、道文化为一体的文化链条和旅游景点。

妈祖圣像站在“如意岛”莲花广场中央，妈祖面容慈祥，栩栩如生。一尊手持如意面朝东方，亲切俯视朝奉的信众与游客；一尊面朝南手势作迎接状，意寓迎接四面八方的游客；一尊手持莲花面朝河北主城区，意寓庇佑和降福泗阳人民。

妈祖，她是一位圣洁的和平女神，一千多年来被人们代代相传。妈祖早已成为圣洁、平安、吉祥的化身。承载文明，托付未来。妈祖文化园的建设正在谱写泗阳城市发展的新篇章，她将是生态泗阳独具魅力的名片，具有浓厚的千年妈祖文化底蕴也必将得到发扬光大。神圣、安全、繁荣的妈祖文化在千里运河之上冉冉升起，妈祖文化一定会与千里运河一样源远流长，给泗阳人民带来无尽福祉！

“一座城的灵魂是它的文脉；绿荫如盖，书香满溢的泗阳，该是多么令人神往的地方！”作家范小青如是说。

泗阳，是一座有着蓝天碧水、滨水森林的城市，不仅自然资源丰富，人文资源也非常丰富。这座城市让人留连忘返！

# 时间都去哪儿了

洗手的时候，日子从水盆里过去，吃饭的时候，日子从饭碗里过去。我想，时间就是在你不经意间匆匆地走了……这是小时候课文里的朱自清散文《匆匆》。当时读这篇课文的时候是“少年不识愁滋味”，总感觉他的文字很美，却不能领悟其中的意味。如今，人到中年，终于深深地感悟到，时光匆匆，红了樱桃、绿了芭蕉，流光容易把人抛，时间都去哪儿了？

想起马年大年三十，一家人一边吃着团圆饭，一边其乐融融地……观看着春晚。导演用一位父亲与女儿三十年前的合影作为铺垫，渲染了这首歌的气氛《时间都去哪儿了》，“生儿养女一辈子，满脑子都是孩子哭了笑了，时间都去哪儿了，还没好好看看你眼睛就花了，柴米油盐半辈子，转眼就只剩下满脸的皱纹了……”或许是因为导演的铺垫，或许是有感而发，听着听着，不知不觉已泪流满面。

我想起自己身为人母，而我的父母把一生的爱都给了我。而我呢，一年到头匆匆忙忙，从没静下心来好好陪伴父母，时间都去哪儿了？

时间都去哪儿了？随着一年又一年的轮转，陪着父母的时间可以用小时计算，每年回家那么几天，除去聚会、睡觉外，就那么分分钟的时间。父母会老去，长辈会老去，我们用什么去偿还那么多年的爱与牵挂？

自从结婚生子，有了自己的小家，每天生活在柴米油盐之中，有家务孩子琐事等种种干扰，每天的生活成了一场争分夺秒的战斗。一场酣畅的睡眠、一次说走就走的旅行、常回家看看的心愿都成为值得期待的奢侈。

就这样日复一日，年复一年，我矛盾纠结，奋斗迷茫，不知不觉中已到不惑之年。当我站在四十岁的门槛，我已经明白生活就是这样无奈，肩上的担子越来越重，家庭、事业、老人、孩子，在忙于事业珍惜时间的同时，更要珍惜家庭。在为事业奋斗的同时，也需要多抽出时间陪伴父母。一年到头，为了事业，为了能更好地生活，每天都在努力奋斗，回家的时间有多少？常回家看看唱出了天下多少父母的心声，其实，父母的要求很简单，只需陪着他们说说话，聊聊天，常回家看看。

时间都去哪儿了？它偷偷地溜走，让你来不及发现，时间，它是个轮回的沙漏。有一天，我们终能体会到曾经流逝的每一粒沙……我想说，如果，来得及，别忘了，跟父母说你爱他们……陪伴是最好的“感恩”。

时间都去哪儿了？我想让时间慢一点，再慢一点，我们可以放慢脚步，多留意身边的亲人，让每段时光都不留遗憾。不管时间去哪儿了，我们都要和家人在一起，在一起。

# 书房

这一生，似乎与书结下了不解之缘。从小，就喜欢书，也一直梦想着能有自己的书房。抬头是书，低头还是书。只是这个愿望一直没有实现。如今的现实状况是爱书的人未必有书房，未必爱书的人却拥有很大的书房。好在，书房归根结底只是一种外在的形式，这么多年来，我已经习惯了没有书房的日子，一张书桌，一台电脑，照样能够静下心来，编织自己的文字，在书海里徜徉。

文人大抵都拥有自己的书房，书房，就是一个与书香关联的场所。一个真正的文人，不仅在书房里藏书和读书，更重要的，是将自己的所见所闻，所思所想付诸文字。书房是一个独立思想的发源地，是提供精神粮食的场所。于真正的文人而言，一为读书，二为写作，得有一个专门的环境，可以潜心读书，潜心写作。

有钱的老板大多也会有自己的书房，只是他们的书房因为有钱而略显得与常人不同。普通人的书房是用来摆放书籍的，有钱人的书房是用来显摆财富的，这类人的书房尽管名义上叫书房，却不以藏书为主，主要是展示名人字画、与名人的合影、收藏中外名贵书籍，等等。这类人家的书房和他们家的豪华壁炉一样，从来都不生火取暖，更不烧炭，只为摆个样子，撑个场面。

记得我有一个女友，印象中她平常不喜欢看书，她最大的爱好就是逛街、上美容院。可自从搬进了新居，每次和她聊天的时候，她都大谈书房，说装潢得如何。一次执意拉着我到她家，参观她的书房。这位女友老公是做花木生意的大老板，喜欢收藏名贵字画。书房十分豪华，却让人有一种陌生疏离的感觉，冷冰冰的，书房的地板拖得纤尘不染，书橱里的书都是新的，有的封皮都没拆，书桌上摆放了一台电脑，两盆绿色的植物，没有笔墨纸砚，也没有正在翻看的书。书房里没有浓浓的书香味，这样的书房，更像是收藏馆。

看了女友家的书房，我突然想到了《黄生借书说》中的一句名言，“书非借不能读也”，意思大致是一个人好学却没有钱买书，要向别人借书来读，固然是憾事。但正因为书是借来的，要还给人家，这就会逼迫自己抓紧时间尽快读完，这比只买书而不读书要好得多了。之前，一直因为没有自己的书房而难以释怀，看了女友家的书房，终于明白有书房的人不一定就是爱读书。

一个文友说，自从有了书房，就没有了以前勤奋读书的兴致了，写作也心浮气躁静不下心来。又说自己读书最多、最疯狂的时候，正是没钱买书的那些年，那时候，什么书都读，什么书都想读。没书读的时候，心里空荡荡，很失落，现在有自己的书房，却很少光顾了，也就只剩下一个藏书的爱好了。

当然，但凡爱读书的人，都希望拥有一间属于自己的理想的书房，能够静下心来，在那里看书。疲惫的时候，能有一个属于自己的空间，安放自己的灵魂，嗅着书香，宠辱皆忘，让时光于书卷中缓缓流逝，任自己的性情读自己喜欢的书，在文字中寻找生命的真谛，寻求生活的乐趣。拥有一间充满古典与书卷气息的书房，于文人而言，是一件多么美好的事情。

我期待着这样的美好。

# 天堂应该是图书馆的模样

收拾房间，看到卧室里到处放的都是书，一直梦想有个属于自己的书房——只是这个理想一直还没有实现。

文人大抵都拥有自己的书房，然而现实状况是，爱书的人未必有书房，未必爱书的人却拥有很大的书房，看书的人没处放书，不看书的人有的是地方闲置。好在，书房归根结底只是一种外在的形式，这么多年来，我已经习惯了没有书房的日子，一张书桌，一台电脑，照样能够静下心来，编织自己的文字。

没有书房且一直嗜书如命的我，看到好书就迈不开腿，家里买的书越来越多，没处安放，桌子上、房间里堆得到处都是。周末，我决定把阳台收拾一下，把书放在阳台上。

我把整理好的书架放在阳台上，拿干净的抹布擦去书上的灰尘。在摆放的时候我看到了已经发黄、边角褶皱的《博尔赫斯文集》。拿起书的时候，我突然想起博尔赫斯说的那句“天堂应该是图书馆的模样”。其实最初听到这句话的时候，是在一次文学沙龙的读书会上，一位诗人即兴发言时说了这句话。记住了这句话，也记住了这句话的作者——博尔赫斯。

我读博尔赫斯，倒不是因为他在文学上取得的成就，而是因为他优雅的气质和图书馆馆长的身份，更是被他的一句话所感动，他说：“如果有天堂，天堂应是图书馆的模样。”在他的眼里，图书馆是美好而神圣的。

常常在静谧的夜里，一个人静静回味大学生活中的点点滴滴，每次都会略带欣慰而又不无感叹，那些最精华的时光，是在图书馆里度过的。喜欢读书，念大学的时候，上图书馆已经成了我的一个习惯。在没有课上的时候走进图书馆，在上晚自习的时候去图书馆，在图书馆度过一个个特别充实的周末。图书馆的管理员是一个四十多岁的中年妇女，也许是受到书香的熏陶，脸上始终挂着淡淡的微笑。图书馆里很安静，周末常常出现这样的场景：明净的玻璃窗下，温暖的阳光，空气中飘散着纸墨的芳香，她坐在图书馆里面，低着头看书，我临窗而坐，常常就我们两个人一坐就是一上午。大多数的时候，玻璃窗下有一张张年轻的面孔，书香滋养着一颗颗年轻而洁净的灵魂。捧起《百年孤独》《简爱》《巴黎圣母院》等一本本世界名著，心里总会升起一种莫名的情愫。其实，在每一个读书人的心里，都拥有着一段和图书馆难以割舍的情意，或深或浅，或浓或淡。

年少的时候，我曾热切地做过一个梦，一个有关书的梦：开一家小书店，抬头是书，低头还是书。

海子生前想要开家小书店，可是其父拒绝了他。如果海子没死，他会做什么呢？也许他会成为中国的博尔赫斯吧！

天堂，是什么样子的？每一个爱书之人，都愿生活在书中。著名作家朱光潜说："书籍是多彩人生的源头活水。"用书籍喂养的灵魂一定与众不同，"书中自有黄金屋，书中自有颜如玉。"每每想到满床满架都是书的那种奇妙，那种愉悦和快乐都让我满足。读书真是一件很美好的事情。

# 曾经遇见一些美好

周末，躺在床上，我百无聊赖翻起了微信圈好友列表。细看才发现，原来我的好友已经达到上限。不得不承认，我的微信好友里，有许多朋友一次都没聊过，有的只是无聊的时候摇一摇添加的陌生人，还有的因为某一个时刻，因为某一件事情，添加了好友，就为传达个文件或者照片之类的，还有的就是逛街买衣服的时候，看中了某件衣服，身上带的现金不够，就添加了好友发红包或转账，还有的微友只聊了一两次便永远地沉默在我的好友列表里。

为了腾出一些空间，我决定删除一些久未联系的朋友。当我点删除键的时候，手不由得停住了。这个叫“笑对人生”的人是医院里的一名医生，是在户外运动群里认识的，有一次感冒咳嗽得厉害，持续一周不见好转，我在群里留言，看哪位大神有好的办法，他就添加我为好友，很热情地发信息给我，让我买一些中成药，并说了哪些药效果好，还给我说了偏方，吃了他说的药，咳嗽很快好转了，后来偶尔咨询了一些关于小孩子感冒发烧的医学常识，每次他都有问必答，是个非常热心的人。只是随着时间的慢慢推移，我们几乎没有再联系。本来想点删除键，想起他曾经给予过的帮助，我发了一个笑脸。

这个叫如歌岁月的微友，是江西人，在北京工作。曾经是我们系统内一家杂志的编辑，我们同在一系统内的微信群里，那时，我刚进农信系统，对很多业务都不了解，但刚进一个新单位，想表现自己，我做梦都希望自己的文字能变成铅字。何况这是我们系统内最有权威的杂志，我主动添加了她的微信。那时她到这家杂志的时间也不长，为了能上稿，我多次找她聊天，发稿子给她，她为人非常热情，理解我的心情，在我向她投了第二次稿后，她就积极主动帮我修改，添加内容事例，在她精心修改下，我进入农信的第一篇通讯稿终于刊登出来，杂志一出来，她就寄来了样刊，就因为那篇通讯稿件，我在农信社奠定了基础。后来，她在这家杂志干了一段时间，就跳槽了，听说她回老家去工作了。这几年就一直没有联系，想起她曾经给我的温暖和鼓励，我发了一个想你了的图片，很快她回复了一个拥抱。

还有一个是买衣服时认识的开服装店的女孩。这个叫江南布衣的店开在小城一个不起眼的角落，一次散步偶然经过那里。那是个晚上，店里冷冷清清，只有女孩一个人静静地坐在那里看书，我进去的时候她正看得入迷。我细细打量着，店面不大，但里面的衣服都很精致，每一件都像艺术品，很有文艺范儿，是我喜欢的菜。当我走到她面前，她抬头朝我微微一笑，她告诉我，这些衣服都是她喜欢的类型。都是棉麻料子，穿在身上很舒适，随便搭一件丝巾或围巾，都很有范儿。我精挑细选了两件，价格也很实惠，当我付账的时候才发现，我出来散步，根本没带多少钱，她让我加她微信好友，微信转账给她就行。我告诉她微信里也没有钱了，只够买一件衣服的钱，我把另一件衣服放下，说明天再过来拿。她却执意帮我包起来，说什么时候微信有钱转给她就行了，没有必要再跑一趟。这是对一个陌生人的信任，我们第一次见面，她就如此信任我，搞得我反而不好意思了，拿了衣服，我说了声谢谢。第二天我就在微信里充了钱发给她。她回了一句，谢谢。后来，我又几次光顾她的小店，再后来她的店就不开了。听说她到江南去开了一个书店。她是个美好安静的女孩，她喜欢看书写作，尽管已经很久不联系了，在朋友圈常看到她晒一些旅行的照片，照片上她很是阳光，笑得很灿烂。

现在，这些往事又清晰地浮出我的脑海。只有在快要失去的时候，我才知道他们曾经怎样捂热过我的胸口，又带给过我怎样的感动。我手指一动，敲下几个字：好久不见，最近好吗？

人生是一个边走边遗忘的过程，只有时时往回看，才会知道，我们曾经遇到过怎样的美好和温暖。